昭和の子育て論

48年目を迎えた内藤アカデミー学童保育教室から

子供が逞しく育つヒントを

内藤幸彦

装幀　山中竜治

本文中のイラストは、かつて「でもね先生」に掲載されたものをランダムに使用いたしました。

はじめに

イギリスのサセックス大学大学院で修士号を取得した後、昭和五十一年（一九七六年）に内藤アカデミーという学習教室を家内と二人で立ち上げました。翌年の五十二年よりご近所の共稼ぎご夫婦の要請を受けて、放課後に小学一年生から三年生までの学童保育教室も開きました。最初十人位から出発した放課後のアカデミーファミリーがいつしか七十人、八十人、多いときには百人を超す大家族になりました。私は彼らの「お父さん先生」として、家内は「お母さん先生」として、昭和、平成、令和と歩んで来ました。

この仕事を始めたのは、私が二年間アフリカのエチオピアで青年海外協力隊隊員としてボランティア活動をしていたことがきっかけでした。絶対的貧困の中でも、明るい笑顔で前向きに人生に取り組んで逞しく生きているアフリカの子供たちと共に生活し、日本の子供たちも彼らに負けない逞しさを身に付けて自分の夢に向かって生き、家族や自分の幸せを掴んで欲しいと思いました。選択肢の少ないアフリカ社会と違い、努力と才覚と勤勉さがあれば多くの可能性が待ち受けています。そして自分の幸せだけでなく、いつしか他の人々、地域、社会、民族、国家、世界に貢献する人として成長出来たら、どんなに良い人生になるだろうと考え、その成長のお手伝いをすることを仕事にしました。子供たちの夢実現への道のりは、どんな時にも逞しく生きる人間力を身に付けることだと思っています。

年に数回発行してきました学童新聞『でもね先生』の数年分の記事をまとめて、今回一冊の本にしました。昭和の子育てから逞しく成長する子供に育って行くヒントを見つけてくだされば幸いです。

昭和の子育て論●目次

第一章　子育て編

１　心を育てる……大きな花を咲かせるために親に何ができるか？

『親は無くとも子は育つ』という言葉があります。実際問題、血となり肉となる食事を与えてもらい、それ相応の睡眠をとり、決して止まることのない時間の隙間を何かしら埋めていけば、六歳が七歳になり、小学四年生が六年生になり、中学生を過ぎると生意気を言い始め、そして大人といるより仲間と過ごしている方が楽しくなり、いつか彼女・彼氏ができ、進学か就職かで悩み、そして気が付くと自分も社会の歯車の中で、一人の人間としての人生を送っているといったことは可能でしょう。

日々過ごしていくうちにただ体が大きく育っていくだけを望むならば、確かに親の存在はそれほど必要がないといえるかもしれません。しかし我が子が病気にならず、事件・事故の犠牲者にならず、そしてどんな人間に成長するか、人から愛され、人を愛し、幸せを掴んでくれるかどうかが心配になるならば、親はそれなりの子育ての努力をしなければなりません。また親になった瞬間のあの感激を覚えているなら、仕事から帰って我が子の寝顔を見たとき、その日の嫌なことが吹き飛んだ思い出のある人なら、我が子が自分にとってどれほど大きな意味を持っているかはお分かりでしょう。私自身人生のある時期、家族のためだけに働いたといった時期もありました。そして私たちの年齢になってから〝子を持つ親の幸せ〟を振り返ることができるようになると、子育ての意味に重さが増してくると思うのです。

まず、子育ての第一は、親子ともどども色々なことに挑戦していくことだと思います。親が挑戦する姿勢を持ち続ければ、子は当然その姿を見習います。何か自分の夢が見つかった時、情熱を持って必死に追い求めることが出来る人間に育つ確率は高くなります。

第二に、人生を誠実に生きる姿を見せることです。楽ばかりを考えている人に、人がびっくりするような夢の実現があるとは考えられません。自ら苦しい選択をし日々努力するから、図らずも思いがけない幸運やチャンスが訪れるのでしょう。人生、本当に〝苦あらば楽あり〟の繰り返しです。ですから〝苦＝厳しい道〟を最初から考えていけば、自然と〝楽＝夢に近づく道〟になると私は信じます。子供が小さい時から、親がまず身をもって示すことです。

第三に、人の為になる生き方を示すことです。今の世の中はその反対の気持ちの人が圧倒的に多いと思います。そんな世の中だからこそ、どうすれば世の中で自分を活かすことができるか、どうすれば人から求められるような人間になれるか、まず日々の小さなことから親子ともに行動してみましょう。〝他人を大切にする人は、必ず人から愛されます〟。〝人の為に行動できる人は、必ず人から感謝されます〟。〝人から愛され感謝される人は心が温かくなり、すがすがしく生き、生きる喜びを感じる機会が多くなります〟。

ただし、日々の子育ては、いつもこのような理屈で進んでいく訳ではありません。お母さんなら、

①栄養バランスのとれた料理を手作りで
②添い寝しながら読む読書
③風呂で体のすみずみまで洗ってあげて
④一緒にお絵描きや歌を歌い
⑤手芸や趣味の話をし
⑥女の子ならファッションも
⑦学校の準備や勉強も一緒にし
⑧しっかり睡眠もとれるように

と、時間がいくらあっても足りません。自分の睡眠時間も確保しなければなりませんので、ご主人と良く話し合って協力体制をとってもらい、能率的かつ有効に一日を送ってください。

お父さんの役割はというと、まず、

①どうしたらお母さんの良き協力者になれるかを考え

②子供にとってはどちらかというと厳しい父を意識し

③いつも将来の夢や人生を語る準備をし

④少しでも一緒に肌を触れ合って遊ぶ時間をとり、スポーツやスポーツ観戦をし、時には家族旅行を考える。

一番大切なことは、しっかり働き、経済的基盤をしっかり支え、妻を大切にすることです。

子育ては親にとって、一生一度、人生最大の大事業です。〝苦あらば楽あり〟は親にも当てはまります。子のための良い苦労をすればするほど、大きな実りとなって、人生の宝となって、親に戻ってきます。

放課後のアカデミーファミリーでは、頑張っているお母さんやお父さんを応援するために、子供たちの〝心を育てる〟という大きな目標をもって、毎日元気よく、楽しく健康に過ごすことを心がけております。

幸福そうに笑っている我が子を見ることほど、親に幸福感や満足感を与えるものは世の中にありません。

Nothing in the world gives us, parents, the feeling of happiness and satisfaction more than looking at our smiling children merrily.

2　子供らしい子供

今年の春は温かい日があっても急に大雨になったり、強風が吹いたりで、やっと満開になった桜の花も、その美しさに見とれる間もないほど、日々の天候の移り変わりに翻弄されている感があります。

皆さまのご家庭ではどのように新学期をお迎えになられたでしょうか。新一年生のご家庭におきましては天候不順に関係なく、大切なお子さまの小学生としての第一歩が思い出に残る素晴らしい入学式であったことを心からお祈り致します。また、二、三年生に進級なさったご家庭では、今までの日々の積み重ねが、お子さまの心や身体の肥やしになって更なる成長に結びつくような出発となられたことも心からお祈り致します。

本年度の新一年生のご父母の平均年令を計算させて頂いたのですが、お父さん方が三十六・六歳、お母さん方が三十五・八歳となりました。今年の六月に五十三歳になります私より十七、八歳お若いのですが、私の親子に関する考え方と保護者の方々の考え方が、この歳の差くらい大きく違うと思うことがあります。生まれ育った環境や性格も違うのですから当然でしょう。

一般的に親が子を思う気持ち、掛け替えのない子供の将来の幸福を願う気持ちは、どんな時代になっても変わらないものだと思います。ただその時に、多くの人との結びつきの中で我が子を考えることのできる親と、自分の子供しか眼に入らない親とでは、行動や発言が違ってくると思えるのです。

私の二人の娘は長女が大学四年、次女が劇団四季研究生一年ということで、ほとんど親の手を離れている状況なのですが、彼女たちが小さかったころに、周りから「お宅のお嬢さんはとても子供らしいお子さんですね」と言われた時に、父親としてとても嬉しい気がしたのを覚えています。私にとって子供らしい子供というのは、子供時代に子供として生き生きと、子供の純粋さと、子供の愛くるしさと、子供の持つほのぼのとした心の優しさと、子供の素直な眼の輝きを持っていることだと思います。いくら父母が立派な人でも、子供の子供らしさはその子だけに授けられた天賦のもので、親の権力や金銭で買い求められるものではありません。アカデミーのお父さん先生は放課後のアカデミーファミリーに元気良く〝ただいま！〟と息を切らせ、汗かいてランドセルを揺らしながら帰って来てくれる子供たちが、そんな子供らしい子供に成長していってほしいと心から願っています。

新学期にあたり私からのお父さん、お母さんへのお願いは毎年変わりません。

【お母さんへ】小学校にお持たせになった第一号弁当を忘れずに、忙しい日々に根負けすることなく、自分の子供の血となり肉となり、知恵となり愛情になるお弁当をご自分の手で工夫して作り続けてください。

【お父さんへ】褒める時も、叱る時も子供を自分の前に座らせ、面と向かって話し、親の信念をしっかり子供に伝えてください。そして固苦しい話が終わったら必ず子供を膝の上に抱きかかえ抱きしめてあげてください。そして家庭内でのきれいな言葉遣いに気をつけてください。

『心と身体のバランスの良くとれた逞しい、自分で自分の道を切り開いていける思いやりのある若者』の心の故郷となるアカデミーを目指し、スタッフ一丸となり今年も頑張って参ります。

雨風に　負けず祝って　咲く桜

３　子育ての楽しさ

三月三日（土）の学童保護者懇親会にご出席いただきました皆さま、アカデミー職員に対する数々の温かいお言葉、この「でもね先生」の学童新聞に対する嬉しいコメントなど、長時間にわたって熱心にお話しくださいまして誠に有り難うございました。また、新しい試み「子供たちと一緒に学童教室終了生を送る会」（今月末の土曜日）に出席して下さる三年生の保護者の皆さま、子供と一緒に三年間の思い出の一ページとして記念写真を撮りましょう。なお都合で欠席されるご家族はどうぞアカデミーの思い出のアンケートで三年間を振り返ってください。

私は、娘二人が二十歳を過ぎても、家内ともどもまだ子育てをしている気分なのですが、どんな子供に育ってくれたら、親として幸福を感じられるのでしょうか。私たちの長年の経験からみますと、好ましい子供はバランスのとれた子供らしい子供といった姿が浮かんで来ます。およそ次の十項目を思いつきます。

①挨拶のできる子
②眼を見て話のできる子
③ご飯をしっかり食べる子
④友だちと仲良く遊べる子
⑤部屋でも外でも元気に遊べる子
⑥本が好きで字が書ける子
⑦学校や習いごとに休まず通える子
⑧自分のことが自分でできる子
⑨規則正しい生活のできる子
⑩自然を愛し、物事に感謝し、親を大切にする子

まだまだあるかもしれませんし、欲張り過ぎていると思われる人もいるかもしれません。しかし人生は一度きりで、親子の縁も一度きりです。欲張った思いがいっぱいのほうが幸福感が広がると思いませんか。ただ、この十項目をじっくり見て、子供という字を人に変え、食べるを作るに、学校を職場に、遊ぶを働くに置き換え、親や家族を大切

にと付け加えますと、この十項目は私たちおとなの姿にも当てはまります。親が人間としてしっかり生きてさえいれば、子育ての基本はできているということだと思います。

私は親になった時、次の二つのことを心に決めました。

①子供が十八歳を過ぎるまでは厳しい頑固親父で子育てをし、その後は子供の意思を充分尊重し、本人の生き方を応援すること。

②もし、当時、新聞紙上を賑わしていた家庭内暴力や登校拒否に子供が陥ったら、仕事を一時中止してでも子供ともども、アジアやアフリカの難民キャンプに住み、二人して難民のお世話をしながら子供の立ち直るのを応援すること。

幸せなことに、②のほうは実行せずに今日までできました。思い返しますと、私たち夫婦も、自分の父母たちと同じように、そして皆さまと同じように一日一日を精一杯生きている父と母です。子供への愛情や行動を伴う思いやりは他の誰にも負けない自信があります。子供に色々なことを期待するよりはむしろ、子供が私たちに対して期待していることに対して一〇〇％以上の熱意で応じてきたような記憶があります。但し、私は父親としての自覚の上ですので、いけない時はいけないと厳しく叱りました。ですので娘たちは今でも「こわい父親」と思っています。

アカデミーの学童教室での子育ては毎年変わらず続いています。今年は特に嬉しい三月を迎えることができました。アカデミーで九年間を過ごしてきた学童出身の中学三年生が、全員第一希望の高校に合格できました。(今年はアカデミー開設以来の快挙で、三十五名全員が第一希望の高校に合格したのです!)

ある生徒は、次のように思い出の作文で書き残してくれました。

「私は両親が共に働いていたので小学校一年生のころからアカデミーにお世話になっていました。九年間、アカデミーで沢山のことを学びました。……試験日が近づくにつれて、不安とあせりで勉強が手につかなかったこともありましたが、先生方が励ましてくれ、また最後までいっしょに取り組んでくれたので無理かもしれないといわれていた高校に合格できたのだと思います。合格の二文字を見た時は一瞬信じられませんでした。そのうち喜びと達成感とで泣いてしまいました。……長い間、アカデミーに通っていて心身ともに成長することができました。本当に言葉では言い表わせないぐらい感謝しています。これからも沢山の夢や希望を持った子供たちを支えてあげてください」
『一貫教育』をモットーに掲げて以来、子供たちとスタッフ協力しての継続の力が着々と成果を挙げていると確信できるのです。アカデミーで子供たちは一日一日しっかりと成長しています。

アカデミー　それは子供を預ける場所でなく、子供が大きく育つ家庭です。
Academy is not a place for children to spend time but a family to grow with.

4　ちょっと気にかかる子供たちのご両親へ……サマーキャンプを振り返って

以前もこの「でもね先生」で書きましたが、アカデミーのお父さん先生には〝子供らしい子供〟に代表される好ましい子供像について、およそ次の十項目が考えられます。

①大きな声で挨拶のできる子
②相手の目を見て話のできる子
③ご飯をしっかり食べる子
④友だちと仲良く遊べる子
⑤部屋でも外でも元気に遊べる子
⑥本が好きで字が書ける子
⑦学校や習いごとに休まず通える子
⑧自分のことを自分でできる子
⑨団体の中で規則正しい生活のできる子

⑩自然を愛し、物事に感謝し、親を大切にする子

このどれもが、大人にも当てはまる基本的なことのように思えます。好ましい子供は好ましい青少年になり、いつかは社会にとっても家庭にとっても好ましい大人になっていくわけですから、基本は同じといえます。

さて、今年のサマーキャンプは、学童三十七名、小学四年以上三十二名、中学生六名そして引率の先生十三名の合計八十八名で行われました。

二十五回目のキャンプを迎えたお父さん先生は、何人かの子供の次の点が少々気にかかりました。

①箸や茶碗の持ち方がおかしい
②食べるのがみんなよりはるかに遅い
③食べられない食べものが多すぎる
④ご飯とおかずを一緒に食べられない
⑤挨拶の言葉を全く発することができない

⑥自分の物と他人の物の区別ができない
⑦自分勝手な言動やきつい言葉が多すぎる
⑧言い訳ばかりで、いつも人の批判をする
⑨いつもはおしゃべりなのに、大切な時や肝心な時に話ができない
⑩指示されないと何もできない

等々ですが、これらを好ましいと思う大人はいないと思います。

この状況はアカデミーの日常生活でも時折見かけることなので、キャンプに行っていないから関係ないと思わずに、家にいる休みの一日、身近にいる我が子をしっかり観察してみてください。

ただし、子供を叱ってはいけません。この好ましくない出来事は、ご両親と一緒にいるご家庭から始まっているのです。改善する必要があるのは、私たち大人のほうなのです。親としての方針を夫婦で良く話し合って、より良くしようという意志を持ってください。むろん全然心配のない、何も言う必要のないご家庭の方が圧倒的に多いのですが。

キャンプの宿では、合宿に来ていた地元の私立高校のサッカー部と二日間一緒になり

ました。朝・夜の食事はいつも一緒で、同じ川崎の中原から来ているので顔なじみになり、気持ちのよい挨拶をしてくれました。百人以上いた、若々しいスポーツマンの礼儀正しい姿を見ていますと、息子を持っていたら、あのような逞しく、はつらつとした青年になってもらいたいと感じるのは、私だけではないと思います。

子供たちが好ましい若者に育つかどうか。皆さんの子育ての勝負はこれからもずっと続きます。

5　親子クリスマス会を無事終えて

昨年度の反省と、今年は新入生の親子歌合戦の組数が多いために、今年度は少し内容を変えてクリスマス会のご案内を出させて頂きました。

大きな変更は次の三点です。

①昼食時にアカデミーの体育館では全員がゆったりと、昼食を召し上がっていただくにはスペースが足りません。そこで、四年生以上の高学年の保護者には午後一時からの出席をお願いしました。

②時間の関係で、全員挑戦が基本だったお父さん、お母さんの腕相撲を、新一年生のお父さんのみの腕相撲大会にしぼりました。

③同じ理由からフォークダンスなど親子で楽しむゲームの時間が取れませんでした。

以上の点を除いて、ほかはすべて例年通りのプログラムでした。ここ三～四年は参加者が四百五十名を超えるときがあり、主催者としては大変嬉しいことなのですが、事故には十分気を付けていきたいと思っております。

九月のお泊まり保育終了後ほぼ九週間、放課後のわずかな時間をさいて、子供たちが一生懸命練習を重ねてきた成果はお父さん、お母さんの心に小さい我が子の思い出のひとコマをきっと残したものと思います。

手を振りながら、一列ずつ順番を変え〝世界に一つだけの花〟を歌う一年生の歌声をきっと微笑ましく思われたことでしょう。男の子は男の子らしく、女の子は女の子らしい、それぞれ特徴のあるダンスにも子供たちの健全な成長を感じて頂けたことと思います。たくさんのお客さまの前で、やっと覚えたせりふを大きな声で言えた子供の心のどきどきを感じ取って頂けたら幸いです。

子供の可能性・能力は無限です。子供はきちんとした指導のもと、一定の試練を継続することで様々な能力を身に付けていくことができます。あの日の歌声、演技やパフォーマンスは日々の練習や継続した訓練のお陰なのです。ほかの子にできるのなら、どの子にもできるはずと、まず親が考えて子供の後押しをすることが基本です。

アカデミーのクリスマス会に限らず、団体での活動発表の場はご自分の子供を観察する良い機会です。

①我が子がみんなと同じように行動できているかどうか？
②協調・調和の心をもって全体の一員になり切っているかどうか？
③全体の一部になっていても、その行いに光っているものがあるかどうか？
④反対にマイナス方向に目立っていたり、ほかの人の足を引っぱっていないかどうか？
⑤人の話が良く聞けているかどうか？
⑥動きに敏捷性があるかどうか？
⑦自分の役割をしっかり果たそうとする意欲がみられるかどうか？

等々しっかり保護者の目で確認していただきたいと思います。

細かいといわれるかもしれませんが、その一つ一つが将来の子供の人生に少なからず関わってくることだと思います。例えば、

①リーダーとして人から慕われる人に育つのか？

②人をたくさん愛したり、愛される人格へ育つのか？
③人をいじめたり、いじめられたりする立場になるのか？
④多くの友人を持ち、幸せを感じる機会が増えるのか？
⑤一人の時間が多い寂しい人格なのか？
⑥周りに迷惑や心配をかける割合の多い人か？
⑦困難にも負けず、自分の道を切り開いていく逞しさを持てるか否か？

子供はそれぞれの親の子供だから、ＤＮＡの中に組み込まれた遺伝的資質として先祖から受け継いできている多くの特質をもっているのは当然ですが、生まれつき幸せに生まれていたり、不幸せに生まれついている子供は、現在のアカデミーの子供（極端に例外的な場合を除いたほぼ日本中の子供）の中にはいないと思います。ほとんど全ての子供に同じような人生の条件―元気に幸せに育つ条件―が与えられていると思います。

では何故いつの間にか渋谷や新宿にプチ家出を繰り返したり、少年非行に走り世間をあっといわせる子供たちが育っていくのでしょうか？　また、話をそんなに飛躍させなくとも、同じように学校に通い同じ授業を受けているのに、何故算数の計算ができなかったり、読書ができなかったり、宿題忘れ・物忘れが多かったり、カバンの中身がゴミ箱状態だったり、運動が苦手だったり、人とのトラブルを繰り返したり、わがままがいつまでも続いたりするのでしょうか。

答えは簡単です。良いにつけ悪いにつけ、その子供の身近に常に模範になる大人がいるからです。子供は大人を見て育ちます。お父さん、お母さん、先生、周りの大人の一日一日を子供は見ています。その大人たちの真似を知らず知らずのうちにしているといっても過言ではありません。

愛情深い家庭から愛情深い子供が、働きものの家庭から働きものの子供が、努力をいとわぬ家庭から努力をいとわぬ子供が、美味しい食事を作ってくれる家庭の子供は食べ物の好き嫌いがなく元気いっぱいに育ち、言葉遣いが丁寧できれいな日本語を使っている家庭からは、きちんと話ができて子供らしい言葉を使う子供が、整理・整頓を心がける家庭からは、きちんと自分の物を大切に使う子供が育っていく。それは当たり前のことのように思います。

クリスマス会の中で自分の子供を観察することは、その成長や努力の跡に喜びや幸せを感じとるとともに、親として、保護者としての自分自身を振り返る良いチャンスであったかと思います。

また、クリスマス会の後、それぞれのご家庭でどんな話がなされたのでしょうか。子供たちの自信や夢を膨らませる親子の話が続いたことを期待しています。

新一年生のお父さん、お母さん、親子歌合戦、本当にご苦労さまでした。アカデミーでは一回切りのお願いですが、一生の思い出になることと確信しております。

それでは、各ご家庭で楽しいクリスマスと幸多き新年をお迎えください！

6　ウグイスと共に春がきた！　入学式の季節

　三月中旬から下旬にかけての温かさで、急に咲き誇った今年の桜は月末から四月にかけての雨風で、入学式のころにほとんど散ってしまったのは残念なことでした。ただ、家の裏庭に飛んで来てくれたウグイスが、いつまでも『ホーホケキョウ』と鳴いていてくれたので、忙しい日々どれほど心が和んだか分かりません。私にとって、今年の春はウグイスとともにやってきました。その姿は見えないのですが、よく聞いていると二羽いたようで、少し舌足らずで『ホーホキョウ』と一羽が低く鳴くと、少し間を空けて、まるで模範を示そうというかのように、もう一羽が澄んだ高い声で『ホーホケキョウ』と鳴きました。私が「親子で練習しているんだなー」といいますと、家内は「夫婦ってこともありますよ」と。確かにどちらもあり得るように思えました。

　さて、四月に入りまして、今年もアカデミーの放課後の家庭には、多くの一年生が通ってこられます。幼稚園・保育園で初めて身につけた集団生活のささやかな経験の後、人生初めて学校という勉強中心の場へ通いだし、そして放課後の家族の元へと通ってくる訳ですが、その一人一人は顔や体の大きさが違うのと同じように、取り立てて観察という言葉を使わなくても、一人一人が性格も行動も態度も言葉遣いも、反応も好き嫌いも違います。これはアカデミーの先輩の二、三年生でも全く同じことです。

生まれてまだ六～八年しか経っていないのに、どうしてこんなに違うのでしょうか。もちろんご両親がそれぞれ違い、生活するご家庭が違うのだから、違っているのが当たり前なのです。基本的な人間の違いまではいいのです。ただ、私たちのように、集団生活を共にする職業に就いている人なら直ぐに気付くことですが、子供としてまた人間として、好ましい方に違っているのか、余り好ましくない方に違っているのかは、六～八年しか経っていないだけに大きな問題にも思えます。よく見られる好ましくない例を挙げますと、

①友だちに対する言葉遣いが他の子供よりきつい。どうしてこんなにきつい言葉遣いが身につくのか。

②友だちの輪に入れない。皆と一緒に行動できない。協力しようとする気持ちが他の子供よりかなり少ない。

③他の大人に対する態度と親に対しての態度がかなり違う。等々…

アカデミーの学童教室では、誰からも【子供らしい子供】といわれるような子供に育ってほしいと思っています。子供たちの将来は、無限に広がっています。素直な心と夢への情熱を持ち、人を愛しそして人から愛される心と性格を持ち、思いやりのある逞しい人間へ育ってほしいと思っています。アカデミーでは、子供たちは無限の可能性の中で育っていきます。

そのアカデミーに帰ってくる子供はだれの子供なのでしょうか。親になるということは、ただ自分が父になった、母になったというだけではありません。子供の中にも、父がいて、母が宿ることにもなります。『子は親を映す鏡』と申します。親がきつい言葉を家庭の中で使えば、真似をするのが子供です。親が町で平気でゴミを捨てれば、子供はそれが当たり前と思います。親になることは、日々親としての緊張感と、自分も一緒に育っていくという前向きな姿勢が必要です。この四月の入学式は子供たちだけの儀式ではありません。父親が、母親が、小学生を持つ親としての再確認をするための、生みの親が育ての親へと進んでいく儀式でもあるのです。

【お母さんへ】お子さまの血となり肉となり、知恵となり勇気となる日々のお弁当に腕をふるってください。皆さまの愛情がもっとも顕著にあらわれるのが『家庭料理やお弁当』です。ご自分の創意工夫で子供の全てを掌握してください。
【お父さんへ】子供はいつかお父さんの夢を、生き様を問いかけてきます。どんな時にも、子供と面と向かい、自分の人生を語る心の準備をしておいてください。決して子供に迎合することなく、人生の信念で良いことは良い、悪いことは悪いと語る頑固な親父を意識してください。きれいな言葉遣いは子供の心を豊かにします。お説教の後では、必ずしっかり抱きしめて、親父の体の熱を子供に伝えてください。

アカデミーは、子供を預ける場所でなく、子供が大きく育つ家庭です。
Academy is not a place for children to spend their afternoon, but a family to grow with and in.

7　新年に親と子を思う

今年もたくさんの学童から『今年もがんばるよ！』と年賀状をいただきました。この紙面をお借りしまして、心からお礼申し上げます。また、年末・年始には多くの保護者の方から、職員に対しお心遣いを頂きましたことも改めてお礼申し上げます。

私たちはこういった贈り物を予期して仕事をしている訳では勿論ありませんが、子供たちの幸せと成長に少しでも貢献できているからこそ、皆さまからの良い評価が頂けているその証しとして、お気持ちを受け取っております。今年もなお一層保護者の皆さまの期待に応えるような学童教室の運営に、職員全員全力で取り組んで参りたいと思っております。ありがとうございました。

さて、年が明けてから読みました子供たちの絵日記に、田舎やご親戚の家で、おじいちゃんやおばあちゃんと遊んだことを書いているのがいくつもあったので、とても嬉しい気持ちになりました。久しぶりに孫を迎えたおじいちゃんやおばあちゃんのお喜びは、子供たちの心の中に、いつもの学校で、また家でお父さんやお母さんと過す生活とは違った思い出が残ります。

お年寄りのゆっくりとした時間や、ゆっくりした話しかたや立ち振る舞いは、自分たちとは違った生活や存在を実感させてくれたことと思います。そこにも自分を愛してくれる人たちがいることを知った子供の心の安らぎには、測り知れないものがあると思います。それはやがて、他人への思いやりや協調性を育むことになるでしょう。

元日の午後にアカデミーの卒業生が三人遊びにきてくれました。私の長女と同じ二十四歳の彼らはある有名工業大学の大学院へ行っている者、もう少しでパイロットの資格が取れる者、親の建築事務所で一緒に働き親の後を継ごうとしている若者で、アカデミーでの中学時代や昔のクリスマス会の話で盛り上がりました。

大学院へ行っているK君はお母さんだけのご家庭に育ちましたが、アカデミーへ通っていたころ、お母さんの手作りのキムチをよく持ってきてくださいました。今は朝五時からの新聞配達を済ませてから大学に通っているそうです。生意気盛りの中学生のころ、反抗期でよく私に叱られていましたが、こうやって立派な大学院生に育ってくれますと、彼らの成長をそばで見てきた私は、アカデミーの教室で彼らとともに過ごした時間が嬉しい成果をもたらしたと、しみじみ人生の幸せを感じます。

アカデミーの卒業生が、みな彼らのように、苦しくても夢を持ち、目を輝かせて将来を語ってくれるような青年に育っているわけではありません。せっかく入った大学や高校を途中で中退して、フリーターになり転々と職を変えている子たちもいますし、小さい子を抱えて離婚してしまった女性もおります。

皆さまの親としての将来の幸せを大きく左右するお子さまは、何年か後には必ず青年になります。その時、親として本当に幸せを感じることができるかどうかは、これからの日々の子育て次第だと思うのです。

『苦あらば楽あり』と申します。これはそのまま子育てに当てはまります。いま親として、苦しい時、忙しい時も自分を抑えて子のためを思う気持ち、子供の成長のためにいつでも肥やしになろうという親の覚悟があれば、その努力は、必ずや親の将来に幸せをもたらすものと信じます。

全ての子供たちにアカデミーの子供たちと同じ幸せが訪れますよう！

The children all over the world will be as happy as those of Naito Academy in this century!!

8　アカデミー・クリスマス会を終えて

九月十一日のニューヨーク・貿易センタービルへの爆破事件以降、アメリカのアフガニスタン空爆、そして二か月足らずでのタリバン政権の崩壊、パレスチナでの紛争と、世界ではまだまだ先の見えない紛争の状態が続いています。

この日本でも、小泉首相の構造改革が叫ばれていますが、一般社会では底なしの不況感が重くのしかかり、そのうえ、狂牛病騒ぎで牛丼やすき焼がこの冬食卓から遠去かりました。さらに、子供に関わる事件がぽつぽつとニュースを賑わし、学童教室に子供を通わせながらお仕事に精を出されているお父さん・お母さん方には、何かと気苦労の多い日々ではないでしょうか。

そんな世界を取り巻く状況の中、内藤アカデミーの第二十五回目の親子クリスマス会が、皆さまのご協力で例年以上の盛会となり、無事楽しく終了することができました。『継続は力なり』と申しますが、子供だけの第一回目から考えますと、ご父母の出席数も二百五十名近くにのぼり、予定出席者数の段階では約四百名という、多分アカデミーの収容能力いっぱいのお客さまをお迎え致しました。

いつもの豚汁も家内や妹にだけ任せておける状態ではなく、本年度は私も包丁を手にして、こんにゃくや野菜を切りました。買物以外で、豚汁作りに手を出したのは今年が初めてです。お味の方は如何でしたか？　とにかく毎年のことですが前の晩から三度煮込むので、味は例年通りだったと思います。

子供たちとのドッジボール、各学年の出し物、腕相撲、新入生のご家族の歌合戦、英語クラブの劇、一年生の演歌・民謡・ゴスペル、二、三年生のダンスやシンデレラの劇、どれが思い出に残りましたか？　どの子も素晴らしく輝いていませんでしたか？　子供たちの力ってすごいと感じられたのではないでしょうか。もしかしたらアカデミーのお父さん先生のように目頭を熱くしたお父さんやお母さんはいませんか？

あの日の後、たくさんの共通した話題が親子の間で続いたら、それは子供たちの努力が報われ、皆さまの一日が家族にとって重要な時間だったという証《あかし》になるわけです。

子供たちの可愛らしい姿に感動した私、お父さん先生は、今では大きくなった自分の娘たちの学童時代をふと思い出しました。桃太郎の劇で、川から流れてきた桃をお爺さんが切ったとき、「桃太郎」といって出てきた二歳半の長女は、現在医学部の六年生、来春の国家試験目指してひたすら勉強に没頭する日々を送っております。

六歳で〝アリババと八人のどろぼう〟（人数が足りずにどろぼう役は八人でした）に出演した次女は、いま福岡で四季のライオン・キングの舞台に立って、シンバの相手役をさせて頂いております。それらがつい昨日のように思い出されました。皆さまのお子さまも、いつの日かプロ野球選手になるか、Ｊリーグでボールを追いかけるか、大学院で研究に没頭するか、政治に目覚めるか、留学して外国で活躍するか、ＴＶで歌を歌ったり劇に出演するか、夢はどんどんと広がります。

プロ野球からタレントに転出し大成功を収めているアカデミーの先輩、パンチ佐藤さんは、Where there is a will, there is a way.（意志があれば、道は拓ける）という諺をすぐに覚えて、自分の信じる道を切り開いてきました。

彼自身の努力も並大抵ではなかったと思いますが、やはり子供が成長し、成功〈夢〉に近付いていくには、色んな形での家族の応援があったはずです。子供自身の努力と、それを信じ後ろからしっかり支えてきた家族との協力があればこそ、今の彼があるのだと思います。

皆さまも、夢に向かう我が子のために、自分の時間を削り、自分の疲れを後回しにして、自分の買いたいものを買わず、そのお金を子供に使う日が必ずきます。その日のために、親としての覚悟を今のうちにしっかり持っておいてください。そうできることが親の喜びなのだと。

さて、話は変わって、学童の日常生活や団体の中の個々に触れてみます。これは今年一年のお父さん先生と担当職員のまとめだとお考えください。クリスマス会で、団体としてあのように演じますと、すべて良かった良かったで終わるのですが、クリスマス会の練習途中や普段のアカデミーファミリーを観察しておりますと、ほとんどのお子さんには何の心配もいらないのですが、まだ少し気がかりなお子さんがいらっしゃるのも事実です。

次の項目に我が子が当てはまっていないかどうか、ちょっとお考えください。ただ、当てはまったとしても、決してそれは子供のせいではありませんから。それは大抵は皆さまのせいだと気付いて頂けたら、来年の皆さまのご家庭にとって、良い目標になるはずです。

①病気を自分から呼びこんでしまいがちの子

②忘れ物が多い子
③おやつがしっかり食べられない子（好き嫌いが多い子、食べるのに異常に時間の掛かる子）
④みんなと仲良く遊べない子
⑤友だちに対して言葉がきつすぎる子
⑥やることがとてものろい子
⑦勉強から逃げてばかりいる子
⑧先生に意思表示ができない子
⑨言い訳ばかり考えている子
⑩同じ子としか遊ばない子

夢を持っている我が子を見、応援できることは、親として最高の幸せです。他人なら苦労と呼ぶものを親は親の喜びと感じます。それが親の目指す姿だと信じてください。子供は、甘い親より、自分に厳しく、しかし愛情深く、身をもって応援する親に応えようと、親とともに頑張るものです。まず、親が頑張らなくちゃ！

二〇〇二年はテロや紛争のない良い年でありますように！
世界中の子供たちに幸せな日々が一日でも長く続きますように！

第二章　幸福とは　人生・家族編

1　自分の幸福を考えてみる

私は昭和二十一年六月生まれです。大田区雪谷で、銀行員をしていた父と小さな瀬戸物屋を営んでいた母との間に生まれました。ですから、学校から自宅に帰っても「おかえりなさい」といって迎えてくれる人はいませんでした。寂しい思いをしたものです。でも、ランドセルを自宅に置いて、母のいるお店に手伝いに行って、母が夕食を作りに自宅に戻る夕暮れ時、店の留守番をして、母を助けるのが日課でした。店番をしながら宿題をやった記憶もあります。姉や兄が学生の頃していたことを真似てしたことです。

こんなこともありました。梅酒を作る大きなガラス瓶を買ってくれたお客さんの後について家まで届け、そのおばさんから五円のお駄賃をもらったのです。四十数年前のことですから、今の金額だと数百円ほどでしょうか。そのときの嬉しさは今でもはっきり覚えています。

早稲田大学の交換留学生を経て、二十七歳から二年間、アフリカのエチオピアでボランティア活動をし、その後、奨学金を頂いて、イギリスに留学、イギリスのサセックス

Sussex大学で修士号を取得。帰国後、内藤アカデミーを開設したのです。
エチオピアでのボランティア経験と二度の留学から、
①英語を好きになって、役に立つ英語を身につけてもらいたい。
②貧しいけれど明るい笑顔のエチオピアの子供たちを見て、日本の子供をリーダーシップを持った人の役に立つ、勉強とスポーツの両立ができる逞しい青少年に育てたい。
その思いから手作りの学習塾として出発しました。開設後しばらくしてご近所からの依頼を受け、学童教室も開設致し、長い月日が経ちました。「放課後の故郷作り」をモットーに、子供たちをスタッフ皆で「おかえりなさい」と温かく迎えるアカデミーファミリーと考え、私は〝お父さん先生〟の立場で放課後の我が子たちと接しています。

お父さん先生の役割りはもっぱら褒めることと叱ることです。昔はあまりきたない言葉遣いをする子がいなかったように感じるのですが、最近は特に子供たちの言葉遣いに気を付けています。言葉は人と人との間の潤滑油にもなるし、人の心をグサッと刺す凶器にもなります。

私の名前は雪谷の雪から幸彦と父母の願いが込められているのです。私は現在の自分をとても幸せだと感じています。その自分の幸せの由来は、

①私という人間の基礎を作ってくれた父と母のしっかり働くうしろ姿のお蔭、
②いつも自分を引き立ててくれる妻と、誇りに思える二人の娘の愛情、
③アカデミーで私を支えてくれている良きスタッフと、高校以来のスポーツ仲間でもある人生の友の存在、
④青年海外協力隊の体験後も、アカデミーやロータリークラブを通じてエチオピアの子供たちへの支援活動を続けていますが、そのエチオピアの子供たちが私を幸福にしてくれているという思い、です。

このように自分の幸せを振り返ると、家族を中心とする温かい人間関係と、自分の幸福＝他人の幸福と思える精神的なぬくもり。この二つがとても大きいと思えるのです。ボランティアの時に「情けは人の為ならず」と学んだことを覚えています。

今年はもうひとつ素敵な学生たちとの出会いがありました。学童育ちで九年間アカデ

ミーに通ってくれた中学生たちが見事に第一志望の高校に合格したり、四、五年生の頃からアカデミーに長く通ってくれた中・高生が志望の高校や大学に続々と合格したのです。

最近TVで話題になっている学級崩壊がどこの国のことかと思われるほど、素直で頑張り屋の子供たちに囲まれているのです。生徒会の会長をし、かつ体操部のキャプテンをしていた子、全国大会に出場するほどのハードなハンドボール部のキャプテンをしていた子、陸上部・バスケット部と数え上げたらキリがありません。

今年のアカデミーのテーマ「夢の発信地となるアカデミー」は以前も書きましたが、子供たちの夢の実現の基礎作りに、スタッフ一同心を合わせ新学期の準備に入りたいと思います。

アカデミー学童教室はお子さまを預ける場所ではなくて、お子さまが育っていく場所です。私たちスタッフとこどもも皆で未来に向けて一歩ずつ前進して参りたいと思います。

思いやりは言葉でなくて行動で！

Affection is an action, not a word.

２　父親の思い出……今の自分の幸せを考えてみると

私の父親は長野県中央部の中信出身で、小学校の成績は学校一だったそうですが、家が貧しかったために進学を諦め、小さいころから働きに出て、東京の大田区長さんのもとで書生をしながら夜学に通い、銀行家の道を歩みました。

私が生まれる前には、六郷にある信用金庫の支店長を務めたこともあり、私の記憶にある父はいつも銀行業務で忙しくしておりました。また、父の部下の人々が狭い我が家に集まって、ワイワイと祝った正月が思い出されます。戦後のサラリーマンが皆会社人間だったように、父はまさに会社中心の人間で、働き蜂でした。

そんな訳ですから、小さい時から父に遊んでもらった記憶はなく、授業参観にも、しばしば出演した学芸会にも、私が高校時代熱中していたバレーボールの試合の応援にも、一度も来てくれなかったと思います。

母は、家計を助けるため、雪谷大塚の駅前商店街で小さな瀬戸物屋を営んでいました。学校の行事があると、右隣りの八百屋さんか左隣りのお肉屋さんに小一時間ほど店番を頼み、商売用の前掛けをはずして、学校に来てくれました。

そのころはどの父親も学校には余り出入りしない時代だったので、母が来てくれるだけでも嬉しいものでした。

父親と外出した最初の思い出は、小学校入学前の神宮球場での早慶戦観戦です。昭和二十六、七年ごろの六大学野球は、いまでは考えられないほどの猛烈な人気だったのです。……といっても、私が思い出される光景は、試合の場面は何も無く球場の周りの雑踏で大きな大人のお尻にぎゅうぎゅう囲まれていたというだけのものでした。

小学生になってからの父との思い出には良いものがありません。昔の銀行というのは、よくお客を酒席で接待していたようで、あまりお酒の強くなかった父は、途中トイレで吐いてまでも接待を続けたようです。そしていつしか、酒豪に変身していました。

そんなわけで家でも晩酌をしていたのですが、お酒がなくなると近くの酒屋まで買いにやらされるのが私の役目でした。日が暮れてから、閉まっているお店の裏口まで一升瓶をかかえてお酒を買いに行くのは、嫌なものでした。私が酒飲みになっていないのは、そのころの思い出が頭に残っていたせいかも知れません。

小学六年の冬、父に初めてひっぱたかれました。一家団欒《だんらん》コタツでくつろいでいた時、肩をたたいてくれといった父の言葉を無視して寝そべっていたら、いきなりビンタがとんできたのです。よくぶつかってはいましたが、叩かれたのはこの時だけなので、よく覚えています。叩いてもらって良かったと思っています。おとなしい性格の兄と違って、鼻っ柱が強く、性格も父に似ていた私のほうがよく父と口論をしました。母や兄が止めているのに、いつまでも父と激論していたのが私でした。

勉強のことや生活全般、ほとんど注意らしい注意をしなかった父が、大学入試が話題になったころ、初めて「帝大を受けてみろ」とぼそっと言いました。「あぁ、お父さんも僕に期待してくれているのだな」と思い、私は何としても父の期待に応えようと、その後できるだけの努力をしました。

しかし、東京大学というのは、青春時代をバレーボールに没頭して過ごした凡人の学生が、付け焼き刃の猛勉強で何とかなる大学ではありませんでした。いくつか受けた大学で受かったのが早稲田大学でした。小さいころに早慶戦に行ったことと大いに関係ありました。やっぱり自分は早稲田に行く運命だったんだ、と勝手に思ったものです。

ただ、周りの仲間からは「あいつはきっと東大受かるぞ」と言われていたこともあって、かなり悔しかったのも確かです。後に留学に憧れ、実際アメリカの大学やイギリス、オーストラリアの大学院へ留学したのも、英語が好きで海外へ行きたかっただけではないと思うのです。

いま自分が二人の娘の親となり、その娘たちも親の手を離れる年頃になり、そろそろ彼女たちの道、人生の方向が見え始めてくると、子育てをひと段落した親としての幸せがわいてきます。

親ばかは承知で述べさせてもらいますと、長女はよく勉強する頑張り屋で、現在は医師の国家試験を目指しており、昨年の夏から猛勉強に取り組んでいます。弱音や愚痴を父親にはめったに吐かなくても、母親にはよく訴えては、また自分の勉強に戻ります。

この娘の良いところは、勉強だけでなく中・高とバレーボールを続け、大学に入るとスキー部の選手にしてラグビー部のマネージャーを務めるというしっかりものなのです。

次女は高校時代にミュージカルの道に目覚め、高校の三年間と劇団四季研究生の一年間は、朝五時に起き、土・日もなく声楽、ダンス、芝居の訓練の日々に明け暮れ、一昨年の二月の寒い日、浜松町の四季劇場でライオン・キングの初舞台を踏んだのです。母親はこの次女を毎朝起こし、朝食をしっかり食べさせるため、四時半起きでした。父親の仕事が夜なので、二時、三時に寝ることもあり、母親の睡眠時間が二〜三時間だったこともしばしばでしたが、母は強しです。めったに愚痴ることはありません。

子供を応援するのが役目であり、それを日々積み重ねていくのは彼女にとって当たり前のことなのです。大変だとは思っても、辛いとは思っていないようです。次女は練習、練習の日々が少しも苦にならないようなタイプで、黙々と練習に打ち込みます。

姉妹は二人とも良いところを母親からしっかり受け継いでいます。父親は子供たちや妻にお金の心配はさせまいと、とにかく働きます。私はごく普通のサラリーマン家庭で育ち、子供のころは母の瀬戸物屋の店番で放課後を過ごし、大学を出てからはアフリカのエチオピアでボランティア活動に就きましたので、自分でお金をたくさん使うこともしないし、バレーボールと水泳と海外旅行が趣味で、月の小遣いはほんのわずかで済んでしまいます。

自分の心の中にある親父の姿に自分が次第に近づいてくると、今の親としての幸せの元に、小さいころの父親や母親との思い出や経験が良かれ悪しかれ、しっかり結びついているような気がします。

学童のご家庭の中で、日々子供との触れ合いで繋がる細い糸が、いつか必ず大きな親の喜びに結びついていくものと、この歳になると実感できます。

親は子供の肥やしになれることが幸せの第一歩！

３　明けましておめでとうございます

皆さまのご家庭では新年をどのようにお迎えになったでしょうか。我が家では、恒例になっている紅白歌合戦を全部見終ってから、家内と二人、一年の無事・平安・疫除けを祈念して、家の敷地の隅々に御神酒を撒いて歩いている内に年が明けました。

昨年と違うのは、娘二人が家にはいなかったことです。一昨年おせち料理に取り組んだ長女は大学の友人らと年越し、初日の出を見に出かけました。次女は四季劇場でカウント・ダウンに付き合わなければならないということで外出し、夜中過ぎに帰宅しました。皆さまのご家庭ではまだ子供たちが一人で外出する年ではないので、きっと新年を迎える家族団欒があったことと想像致します。

私は娘たちが子供のころ、誕生日には必ず二人を両方の膝に乗せて、ケーキを真ん中にして写真を撮りました。彼女らはそのことをよく懐かしんで口に出します。しかしそのうち、大きくなった娘たちに、「パパはもう…」と叱られてしまいます。皆さまのお子さまも必ずいつかそうなります。子供が小さいとき、今しかできないことを、父として母として精一杯して頂きたいと思います。

新年が明けてから高校時代のバレーボール部の顧問の先生を囲む会がありました。私は多摩川を越した都立田園調布高校の十三期生ですが、今年は十四期・十五期と先生を含め、男女十五名の出席となりました。

しばらく音信不通となっていた先生とは約二十五年振りなのですが、高校生だった私たちは、おじさん、おばさんに、二十七歳で赴任してこられた先生は六十六歳になられていました。余り風貌が変わらずにおられる先生よりも、髪の毛がずうんと減ってしまってどう見ても年上に見える後輩も、みな高校時代の気持ちに戻り、〝俺〟〝お前〟の会話が夜遅くまで続きました。

二十世紀の中頃（一九四〇年代後半）に生まれた私たちは、自分の家庭の幸福のために、一本一本白髪を増やし髪の毛を薄くしながら、顔のしわを増やしながら頑張ってきたんだなぁと、皆の顔を見ながら感じた次第です。

ここ数年はアカデミーに入って来る子供の中に、私の教え子だった生徒の子供がちらほら見受けられるようになりました。私が仲人をしたり、祝辞を述べたりした教え子たちからの嬉しい知らせも多く届きます。年賀状に一人増えた家族の写真がたびたび見られるようになりました。

しかし残念な話も時々あります。暮と正月に二件の離婚の話を聞きました。二人とも可愛い女性で、高校を出てしばらくして結婚しました。子供ができていなければ再出発もそんなに難しいことではないでしょう。しかし、二人とも子供を授かってからの離婚です。

女手ひとつでこれからどうするのか？　お父さん先生はやはり心配です。自分の娘も含め、沢山の娘を持つお父さん先生としては、母に似て、しっかりお父さんを支えることができる我慢強い女性に育って欲しい。そして、父に似て少しとんちんかんで頑固なところはあっても、涙もろく心の温かい、粘り強く話のできる男性に巡り合って欲しいと願うばかりです。

今から二十年ほど前に、留学する教え子を連れて、私がかつて留学していたアメリカの大学に戻った時のことです。その時に、アメリカの国内で社会問題になっていたのが「Child Abuse（児童虐待）」でした。

アメリカの後を追い、日本でもダンボールの中で幼い我が子を餓死させる親や、床に我が子をたたきつけ、殴り殺す親が出てきました。

その後、犯罪の低年齢化が日本でも進んだ訳ですが、銃こそ使わないものの少年犯罪の増加は今後も続くものと考えられます。悪いことをしている子供をきちんと叱れない親や社会、子供にとって何が良いことで何が悪いことか自信を持って子供に伝えることのできない親や社会。大人の自信のなさ、信念を持っていない社会の脆弱さは、そのまま子供たちの不安定な精神状態を生み、すぐにぷつんと〝キレ〟てしまう心理状態に結びつきます。

お母さんの手作りの、温かく湯気の出ている、栄養いっぱいの食事を食べ、間違った時にはお父さんに叱ってもらい、学校で褒められた時には、両親に温かく抱きしめてもらえる子供が、大きくなって新聞を賑わすことなどあるはずがありません。

お父さん、お母さん、子供たちが生きがいのある人生を送れ、幸福に向かって努力のし甲斐がある、明るい二十一世紀を私たち大人が作っていくように、日々、親としての自覚を忘れず頑張っていきましょう。

【お母さんへ】子供の血となり肉となる、粘りとなりガッツとなる、知力となり知恵となる、思いやりとなり優しさになる、エネルギーの源となり家族の楽しみになる食事を、疲れた身体にムチ打って今年も頑張って作ってください。

【お父さんへ】子供たちはいつかお父さんの夢を、生きざまを問いかけてきます。どんな時にも、子供と面と向かい、自分の人生を語る心の準備をしていてください。決して子供に迎合することなく、人生の信念で良いことは良い、悪いことは悪いと語る頑固な親父を意識してください。

新学期になって、子供たちと二度ほど清掃活動に出かけました。小一時間もリヤカーで回ると、空き缶・ゴミクズ・タバコの吸い殻などでリヤカーはほぼ一杯になります。お父さん先生は子供たちが、平気で自分の町を汚す人間になってほしくありません。自分の町を愛することは自分の家庭や国を愛することと同じだと考えます。お父さん、お母さん協力してください。子供たちの前でゴミを拾い、清潔な町を子供たちに残してあげましょう。

新年に早々と皆さまや子供たちから沢山の年賀状を頂きました。有り難うございます。一つ一つに返事は出しませんが、大事に取っておいて、私たち夫婦やスタッフの一年間の頑張るエネルギーとさせていただきます。今年も宜しくお願い申し上げます。

お神酒撒きて　除夜の鐘聞く　新世紀　育ち行く子らの　先の世を祈る

4　ご入学・ご進学おめでとうございます

今年は三月ごろから桜が満開で、その後寒い日々もあったので入学式の日も桜がきれいだったと思いますが、皆さまのご家庭での入学式当日はどんな一日だったでしょうか。戦後のどさくさ時期で、食べるのがやっとだった時代の私の入学式(昭和二十八年)は、記録も記憶も何も残っておりません。

こんなに裕福で恵まれた時代に生きているお父さん、お母さん、どうぞ入学式当日の写真や式次第などしっかりと記録として残しておいて頂きたいと思います。

小学校の入学式は、これから六年（小学校)、九年（中学校)、十二年（高校)、十六年（大学）……と続くお子さまの学校生活の大切な〝初めの一歩〟です。

二年生、三年生へと進級されたご家庭のお父さん、お母さん、この一年間で皆さまの我が子が、どれだけ背が伸びて、体重が増えて、身体つきががっちりし、言うことがしっかりしてきたかお気付きでしょうか。「親はなくても子は育つ」という諺がありますが、皆さまが直接一緒に過ごすことができなかった放課後でも、子供たちはしっかり成長し、逞しさも増しました。

仕事を終えて、中原の駅から、職場から、一生懸命自転車や車で迎えに来てくれるお父さんやお母さんの愛情に応えようと子供たちもすくすくと元気に幸せにこの一年を過ごせました。

さらに私たちのお願い、手作り弁当（食事）作りに励んでくださいましたお母さん、この一年間の身長の伸びは、体重の増加は、すべてお母さんによる「温かい母親の味」のお陰です。

どんなに疲れていても、忙しくても、作り続けてくれたお母さんの心のこもった「母親の味」を身体に染み込ませている子は、きっとそのお母さんに喜んでもらおうと勉強に、スポーツに頑張るものです。

そして一生懸命働いてくださっているお父さんの後ろ姿を見て、その粘りと、力強さを少しずつ吸収していくものです。最近話題の幼児虐待をする親は、自分も子供時代に虐待されていたというケースがほとんどだそうです。親は子供の眼の前にいる一番手近ではっきり見える目標であり、手本となる大人です。

お父さん、お母さんが、一人の社会人として、大人としてお互いを慈しみ、家庭を愛し、地域を愛し、日本を愛し、少しでも社会に貢献し、好ましい人間としての生き方をしている限り、子供はその後に従うものだと私は信じています。

「健全なる身体に健全なる精神が宿る」とあるように、「健全なる家庭に健全なる子供が育つ」ということだと思います。

私はいま五十四歳ですが、新一年生の保護者の皆さまとは十〜二十歳ほどの年の違いがあるかと思います。当然皆さまの価値観や、人生観と全く同じということはないと思いますが、放課後のアカデミーファミリーのお父さん先生として、まずアカデミーに「ただいま！」と帰ってきてくれる子供たちの今の幸福と将来の幸福を一番に考えています。

アカデミーのスタッフと力を合わせ今の幸福のために、楽しい放課後の〝故郷〟作りに心を砕きます。そして将来の幸福のために、子供の前に、少しずつ挑戦して乗り越えてもらう障害物を作ります。そして、人生に待ち構えている多くの選択肢について語り合い、夢を追いかけることのできる子供らしい素直な子供に成長し、心と頭と身体がバランス良く、そして逞しく育つことを祈って二十一世紀も新たな子育てに最善を尽して参ります。

健全なる家庭に健全なる子供が育つ

A sound child in a sound family.

5　新年を迎えて親の幸せを味わう

正月三日の突然の初雪には少しびっくりしましたが、皆さまのご家庭ではどのような新年を迎えられたでしょうか？　田舎へ行かれて、おじいちゃん、おばあちゃんと一緒の温かなお正月だったでしょうか？　温泉や旅先で普段と違った風景のお正月だったでしょうか？　それともいつも通り、ご自宅でのんびり家族でＴＶやゲームでくつろがれたお正月だったでしょうか？　これからも毎年あるお正月ですが、今年は今年なりの思い出に残るお正月になったことをお祈り致します。

さて、我が家では、当直勤務明けの長女は暮れに友人の家へ遊びに行って風邪を引いて帰宅し、大晦日丸一日寝ていたかと思うと、元日の昼過ぎには再び当直ということで出勤して行きました。

研修医の長女は大変とは聞いていましたが、正月元日から緊急患者の生き死にに立ち会う…つい先ほど入院したお年寄りに白い布がかけられているのを見る…それはけっこう辛いことだと思います。二〇〇三年の元日だろうと、大きな時の流れのなかでは、壮大な自然の一ページに過ぎず、病気も生死のドラマも一瞬一瞬絶え間なく続いています。そうした厳しさも併せているのが、生きていくということなのだと実感した次第です。

役者の次女は二十七日に急遽福岡へ派遣され、昨年正月に引き続いてライオンキングのナラ役を演じています。東京ではナラ役を数回務めただけの次女が、福岡では二年続けて正月の舞台に立てたり、ＴＶコマーシャルに出演したり、それなりの活動実績を積んでいて、電話での張り切った報告を聞きますと、福岡のお客さまに喜んでいただいている様子が垣間見えて嬉しいものです。

この次女は、二年前の成人式の時、主役のナラ役をやるまでは着物を着ないと誓いを立て、成人式当日もレッスンという具合で、親として何か不憫な気がしていました。ところが、この正月公演明けの六日に、着物を着るという夢を実現させました。何度も、「パパ、ママ、有難う」と繰り返されると、心からおめでとうと思ってしまいます。

ここ数年、二人の娘が揃って育ち外で働き出しますと、家族全員揃ってのお正月というパターンはなくなりその寂しさはありますが、その反面それぞれの道で活躍し出した娘たちから、多くの幸せをもらったという気がしています。

何が起こるか分からない夜の病院。当直医としての責任の重さにへとへとになって帰宅する長女。一日前に申し渡され、小さな荷物一つ持って羽田から福岡へ旅立ち、仲間に支えられながら、皆に感動を与えようと華やかな舞台で笑顔で歌う次女。

親が二人の仕事場で助けることは何一つできなくとも、この子たちをいつまでも支えてあげようと思います。私のひざに抱かれて、にこにこ笑っていた幼いころと同じように、しっかり見守っていてあげよう。そう思うと、心の底から親としての喜びが湧いてきます。自分たちはこの娘たちからこんなに大きな〝支える喜び〟を、親としての喜びをもらっていると感じるのです。

親の幸福は子供の幸福なくしてはありえません。人間として生まれて、色々な幸福がある中で、親になった以上誰にでも得られる、しかし誰でもが得られるものではない親の幸福は、子供が生まれたその瞬間から、第一歩が始まります。

学童のお父さん、お母さん、皆さまは今、正にそのゴールへ向かう途中です。将来、「親の幸福」が必ずくることを信じて、今は大変な子育てに全力を注いでください。

【お母さんへ】　子供の幸福を作り出すことのできる『子育て』という一生の素晴らしい仕事を担当できる喜びを感じてください。子供の心を育て、身体を育て、知恵となり、健康の源となり、頑張りの素となり、笑顔の泉を満たす食事を作れる喜びを十分味わってください。子供の将来は皆さんの手の中にあるのです。母として、子供のためにこの一年も日々頑張ってください。

【お父さんへ】　家族にお金の苦労をさせないようにしっかり働き、汚い言葉遣いを正し、町をきれいにする心を実践し、正義ある話を聞かせ、子供たちに感動する熱い心を伝え、スポーツに趣味に挑戦する姿を見せ、男の生きざまや夢を語り、厳しく叱る覚悟をもち、そしてやさしく抱きしめてあげる温かさをいつも持っていってください。

親がまず、先祖、自分たちの親、家族、友人を大切にすることを実践し、その後ろ姿をしっかり子供に見せて、伝えていってください。

今年もたくさんの年賀状を頂きました。有難うございます。あるお母さんから「人として大切なこと、忘れてはならないことを親子ともども教えていただいています。感謝しています」というお言葉をいただきました。

お父さん先生としては、自分の信念に従い、アカデミーの我が子たちの心にこれまでの経験を自分なりに伝えたいという気持でおりますので、このようなコメントをいただいたことはとても嬉しいことです。

今年もアカデミー全スタッフの先頭に立って、親の模範になれるよう、元気で頑張りたいと思います。

アカデミーが、この中原が、住んでいる皆さまにとって最高の棲家になるように、大人としての努力を続けていきたいと思います。今年も宜しくお願い申し上げます。

子育ての　終わる頃には　白髪増え　子の幸せに　見る親の幸せ
Parents' happiness results from children's !

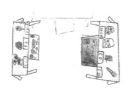

６　幸福を追い求めて……アカデミーでの出会いを大切に！

去る三月一日（土）の学童保育教室懇親会には、雨交じりの寒い午後にも拘わらず、多くの学童保育保護者の皆さまにお集まり頂きまして、誠に有難うございました。九十七名の保護者と百十五名の児童の総勢二百十二名という盛大な懇親会でしたが、無事すべて予定通りに進みました。改めてお礼申し上げます。

その日に、私がお話ししましたことや感じたことを纏めました。

第一部のウェルカムパーティで、学童教室の児童たちが「幸せになりたい」と歌い踊りました。とても上手に可愛らしく、微笑ましくできたと思います。

人間は生まれついてから、みんな幸福になろうと日々を送っている訳ですが、国によっては、また場合によっては、幸福を掴むことなくその一生を終わることも少なくありません。

私がライフワークのつもりで支援を続けているアフリカ・エチオピアでは、乳児の死亡率は千人に百二十人と、アフリカ平均の八十九人を大きく上回っています。

この日本でも、幼児虐待で死に至る子供の数は毎年増え続けています。また不穏な情勢が続くイラクや北朝鮮でも、もし戦争が起これば一番の被害者は子供たちです。

さて、自分の血を分けた子供の幸福を願わない親はいないと思います。どうしたら子供たちを幸福にすることができるのでしょうか？

この平和な日本では、努力次第、気持ちの持ち方一つで、誰でも幸福に近付くことができると思います。こんな英語の諺《ことわざ》があります。

Happiness consists in contentment.（幸福は満足に在り）

全くその通りで、仕事、地位、収入、趣味、そして最も大切なことは、愛情あふれる家族。こういったことに満足感が持てますと、たいていの人間は〝幸福だなー〟と感じる訳です。そのために何が必要でしょうか？

私の幸福へのキーワードは四つです。これを幸福の「A・B・C・C」といいます。

①Affectionate Family（愛情深い家族）
愛情溢れる家族や友人がいると、食事が美味しいし、心が温かくなりそして安らぎが得られ、心や身体にストレスがたまらないから、基本的に健康を楽しめて、家族の頑張りが大きな励みになります。

②Be of service to others（人の役に立つことを心がける）
人に感動を与えたり、人から必要とされる仕事やボランティア活動をすることによって、他の人々との連帯感を感じ、生への感謝の気持ちやすがすがしい生きがいを感じます。夜寝る時に〝今日は良い一日だった〟と感じ、安らかに眠れます。

③Confidence（自分の能力に対する自信）
この社会の中で、自信を持って仕事をし、自分の人生を切り拓いていく大きな力となります。家族を養う収入の源になり、経済基盤を築くだけでなく、生きる大きな力となります。

④ Challenging spirit（いつも挑戦する姿勢で前向きの人生）

この気持ちがあると、新しい明日がいつも待っているから、朝起きる時に、今日も頑張るぞ、何か新しい自分がいるぞと、いつも前向きに生きてゆけます。新しい自分を知ることにより、いつまでも成長を続けることになります。

幸福の種はまだまだたくさんあるでしょう。それは人それぞれの幸福ですから、細かい味付けは皆さまが付け加えてください。

さて、そうやって人は幸福に少しずつ近付こうとしているうちに、幸福には、その時々、様々な在りようがあることに気付きます。

①誕生する幸福　②子供時代の幸福　③学生時代の幸福　④青春時代の幸福
⑤夫婦の幸福　⑥家族の幸福　⑦子育ての幸福　⑧親の幸福　といった具合です。

この四月から皆さまは、第七段階の「子育ての幸福」の新たな局面に入ります。進級される先輩学年の保護者の皆さまは、この一年間、子育てをお楽しみくださいましたか？

日々、新しく生まれ変わっていく（成長を遂げていく）我が子の姿に、驚きや喜びや感動を味わいましたか？　味わう暇も無かったほど忙しかった、といわれる親御さんがいましたら、それは余りにも残念なことです。

また、新一年生の保護者の皆さまは、どうぞ「子育ての楽しみ」を十分味わってください。人生二度と経験できない貴重な、親としての素晴らしい体験です。親の覚悟と自覚を持ってください。褒める時は目一杯褒め、叱る時は真剣に諭し、食事を作り、通学の準備を手伝い、子供が必要な時にしっかり支える親の役目を十分果たしてください。

ある有名な音楽家は「自分の父は子育てが趣味だった」と父親を振り返っています。趣味のように楽しみながら、子供の成長を見守ってくれている親の子供と、そうではない親の子供とでは、子供の将来は大きく違ってくると思います。

ただこの〝趣味〟は、毎日のことですし、けっこう手間暇のかかることで、相手にも意思や権利があって、けっして簡単にできることではなく、大変な重労働や睡眠不足が伴うこともあります。でも次の第八段階の〝親の幸福〟に密接に関わってきます。

さぁー、皆さまはどんな親になるのでしょうか？

第三章　お母さん編

1　アカデミーの二十五年

TIME FLIES LIKE AN ARROW.（光陰矢の如し）とはよく言ったもので、時間は飛んでいく弓矢のように、あっという間に過ぎていきまして、今年もあと残すところ二週間足らずとなりました。皆様のご家庭にとりましては、どんな一年だったでしょうか？

アカデミーは一九七六年十二月に開設しましたので、この十二月で二十六年目に入ったことになります。この四半世紀の間に、私一人で始めた教室が今ではパートタイムの指導者（アカデミー卒業の大学生）を含めますと十六人のスタッフで運営されるようになりました。

私一人の時にも、生徒数は少ないですがアカデミーの中身は今と変わりませんから、学童から高校三年生まで全部（学童クラス、小学生四､五､六年クラス、中学生英・数・国全クラス、高校生英語クラス）を自分で担当しておりました。特に夏休みには昼間から中学生の講義が入りますから、結構大変なスケジュールでした。

当時、何が大変かというと、一日中声を出しっぱなしなので、声が嗄れてしまうのです。声が全然出なくても授業はやらなければならならないので、声を振り絞ってさらに大声を出します。キーキー声の、かすれ声の、頭のてっぺんから出てくるような聞き苦しい声を、よく生徒は我慢してくれたと、今では思います。それが唯一苦しかったことで、喉から血を吐く覚悟をいつも意識していました。時間がなかったから夕食は高校生の授業時間に生徒と一緒に食べながらの授業……それは、若さや情熱があるからできたわけで、楽しく懐かしい思い出にさえなっています。時には唯一の日曜休みもなくなりましたが、そんなことは仕事の一部で当たり前のことと思っていました。

このころから、お母さん先生には、生徒の食事を作ってもらいました。今年の十二月一日の小学生クリスマス会四百五十人分の豚汁、七日の中学生クリスマス会の百二十人分の豚汁を加えると、この二十五年間に、小さなレストラン並みの食事量を作ってもらったことになります。

三十代、四十代と一番体が動く時に、大きな事故に遭わず病気にもならず、何から何まで自分一人でアカデミーを支え、アカデミーと共に生きてきたので、当時自分の行動力を密かにスーパーマンに例えていたのですが、それもこれもお母さん先生の陰の支えがなければとてもここまではできなかったと実感しております。

自分たちの二人の娘（長女は順天堂大学の小児科医、次女は劇団四季のライオンキングに出演中）を育てながら、私たち夫婦は内藤アカデミーを育ててきたのです。娘たちはもう自分の進む道を見つけ、毎日それぞれの職場で、親と同じような忙しさで日々を送っています。長女とアカデミーは同じ二十五歳ですが、この二十五年間両方の子育てを無我夢中でやってきて、振り返りますと全てが昨日のような気がします。この間いつも決して手を抜かず精一杯、親の役割を果たしてきたことが、現在の家内と私の、〝親の幸福〟にしっかりと結びついています。

この両方（娘とアカデミー）の子育てを振り返りますと、親がどれだけ自分自身を見失わず、協力しあって子の支えになれるか、子の肥やしになれるか、子のためにエネルギーや時間や経済的支援ができるか。それが、私たちの場合子育ての大きな鍵になったように思われます。

特に、先ほどの豚汁の話に戻りますが、子育ての第一歩は「お母さん手作りの温かい食事、その家庭独自の味と温かさ」だと思います。

幸せに結びつく色々な要素がある中で、何が無くとも絶対欠かせないものがお母さんの食事にあると私は固く信じます。食事は子供の身体作り、温かい心を育て、脳に活力を与えます。学業・仕事・運動のエネルギーの源になり、ファイトや粘りを生み出し、病気から子供を守り、怪我や事故に強い筋力をつけ、雨の日・雪の日・暑い日・寒い日・辛い日・悲しい日、どんな日にも自分のやるべきことをやり抜く逞しさを与えてくれます。

そして何よりも、一生懸命働いてくれる〝母親〟の存在・温かさ・大きさ…愛情…を分からせてくれます。どんなに手のかかる子でも、どんなに勉強のできない子でも、この母の頑張っている姿があれば、心のこもった温かい食事があれば、素晴らしい人生の道を切り拓く心が育つと思います。

私の母は、決して料理が得意でも上手でもありませんでした。戦後の物が少ない時代の東京で、特に海の幸・山の幸があるわけでもなく、そのうえ、瀬戸物屋を一人で切り盛りしていたので、料理をするほどの時間があるわけでもありませんでした。

子供の私と店をたたんで家へ戻ると、いつも手際よく温かい味噌汁や一品料理を作り、近所の店で売っているコロッケやさつまあげの食材を並べる程度の食卓でしたが、それでも十分おふくろの温かさが伝わりました。

これを読んでくださっているお母さん、この一年を振り返って、お食事の支度の大変さが思い出されるなら、それが母親です。子供たちからの声なき声の有難うをしっかりと受けとめて、来年も頑張ってください。それをお父さんと協力して何年も続けることが親としての人生です。

温かい　食事を作る　母親に　育つ子供の　幸せをみる
Mother's hot meals bring up children strongest and happiest.

2　食事の楽しさ

私は結婚を決意する時、妻となる女性は、子供たちの母親になるわけなので、選ぶポイントに料理の腕前を重視しました。一年三百六十五日、その三度三度の美味しい食事を、大きな幸せと考えるのは、戦後生まれで子供のころの食生活が豊かでなかった自分としては当然のことと思われたのです。

さて、今年のアカデミーサマーキャンプは、七十五名というアカデミー始まって以来、最大の参加者となり、尾瀬の大きな民宿を借り切る形になりました。

毎年のサマーキャンプの目標の一つに、世界の恵まれない貧しい子供たちに思いを馳せ、「ごはんを無駄にしないでしっかり食べよう」というのがあります。何でもかんでも出されたものは残さず食べなさいといっているのではなく、

①食べたことのないおかずも少しは挑戦してみる

②食べられなかったら、先輩の生徒たちに食べてもらって無駄にしない

③自分で食べられると思った分は、きちんと最後まで頑張るというほどの目標です。食事の楽しさは食べられなければ始まりません。

アカデミーのキャンプに来て、今まで食べられなかったものが食べられるようになったと思い出話をしてくれる卒業生もいます。団体生活の中で、限られた食事時間の中できちんと気持ち良く食事を楽しむ習慣も身につきます。

今年参加の中学生の中に、全然といって良いほど、ごはんとおかずが食べきれなかった生徒がいました。やたらと冷たい水ばかり飲むので、いつも髪の毛から汗がしたたっていました。中学生になってからきちんとした食生活を身につけさせることは、ほとんど不可能に近いと言ってよいでしょう。

食事のバランスが人格形成に大きな影響を与えるとも言われます。「キレル」とか「人間嫌い」も、食べもののバランスに関係があるのかもしれません。食べもしないですぐに「嫌い」と言い出す子供に、協調性のある豊かな人間性が備わるとは思えません。お母さんが一生懸命手作りしたおかずを簡単に「嫌い」と言う子供はいないはずです。

学童のお母さん！、人生の中で食べものの大切さ、箸のきちんとした使い方、ごはんやおかずが、お子さまの血や肉やエネルギーになり、食べることの楽しさを教えてあげられるのは、今をおいてありません。しっかり自分でお料理して、おいしい食事を愛する夫や子供たちに食べさせてあげてください。そして「食べることがことほど左様に楽しいことか」を教えてあげてください。

アカデミーでのおやつで、菜園でできたナスの味噌汁やテンプラを、今までこんなおいしいのは食べたことがないといったお子さまもけっこういました。キャンプの魚の手づかみでは、その場で焼いた魚を全員がむしゃむしゃおいしいといって食べました。子供が今後どれだけ「食べる楽しさ」を味わえる人生を送れるかは、お母さん次第だと今年も実感しております。

暑い夏の　体力作りも　お母さんの　バランスの良い　お料理から

3　頑張っているお母さんを応援する内藤アカデミー

新年明けましておめでとうございます。新しい時代の幕開けの二〇〇〇年はとても穏やかな陽の光で始まったように思うのですが、皆さまのご家庭でのお正月は如何だったでしょうか。

我が家の元日は全員（祖母を含め五人）神さまに礼拝し、仏さま・ご先祖さまの前で般若心経を読み、丸く輪になって新年の挨拶することから始まります。そして、各人が今年一年の誓いを発表いたします。

ふだんは中野でアパート住いをしている長女も三十日には、大学のスキー部合宿から戻っていて、今年は大晦日からお節料理や雑煮の作り方をけっこう家内から教わったようでした。

また、今年はご両親や学童からの年賀状も例年以上に多く、その文面からもアカデミーでの日々を楽しんでくれている様子が伝わってきました。皆さまからのその言葉が私たちには大きな励みになっているとつくづく感じました。

例年どおり、在校生へのお礼はこのお便りでさせていただきます。たくさんの年賀状、誠にありがとうございます。今まで以上に楽しいアカデミーにしていきますのでよろしくお願い致します。

北海道や兵庫へ引っ越していかれた学童や、アカデミーの卒業生や結婚式の素敵な写真を送ってくださった先輩たちには、年一回の挨拶を送った訳ですが、年々、アカデミーの底辺がどんどん広がっていると実感しております。

赤ん坊が生まれて「私がお母さんになるなんて信じられません」と書かれた学童出身のNちゃんの年賀状には、外孫が増えたおじいさんの心境です。この子の結婚式の私のスピーチに「彼女は涙ぐんで喜んでくれたたっけ」と、思い出してしまいました。

四日にはパンチ佐藤君や彼のクラスメートが顔を出してくれて楽しいひと時を過ごしたのですが、お節料理の食べ過ぎと、休み疲れからか五日以降寝こんでしまいました。

さて、二〇〇〇年代に入りました。アカデミーのモットーは『頑張っているお母さんを応援すること』と、職員と話し合いました。

私の母親像は、自分を産み育ててくれた母、家内の母、私の娘たちの母（私の妻）、今は亡き祖母、それに映画で観た野口英世の母、学生時代の友だちの母……。

母と呼ばれる人々との触れ合いや母親像の認識は、その程度に限られます。その限られた知識の中で「素晴しいお母さん」て何だろうと考えてみますと、やはり自分のことより子供のことを先に考えるお母さんが理想像に近いと思えます。

食べものがない時、自分のひもじさを隠しても子供に多く食べさせようとしてくれる母。眠いのを我慢して子供より早く起き、一生懸命温かい朝食を食べさせてくれる母。夜更かしして夜中に一生懸命子供の衣服のほころびを縫ってくれる母。デパートや衣料品店へ行くと、自分の服よりも子供コーナーへ自然と足が向いてしまう母。子供に呼ばれれば、自分のしていることを中座しても、話を聞いてくれる母。学校の授業参観には何をおいても駆けつけてくれる母。子供が病気になるとすりリンゴやおかゆを寝床まで運んでくれ、夜中に何度となく水枕を取り替えたり、布団をかけてくれる母。

こんなお母さんの元で育つ子供に悪い子は絶対にいません。またもし皆さまの中に『そんな母親なんてもういないよ」と言われる人がおりましたら、なんと不幸な寂しい人生を送ってこられたのでしょうか。今のこんな嫌な事件の多い世の中でも、こういう母親はどこにでもいます。

さて母親の本質の中には「自己犠牲」が多分にあることは分かります。それも「子供を生かす自己犠牲」で、何でもかんでも子供のやることなすことを阻む自分中心の自己犠牲では勿論ありません。

「こんなにお母さんがやってあげているのにあなたは……」というセリフをよくTVドラマで耳にします。「こんなにやってあげている」と思っているお母さんは自己犠牲であっても自己中心的な押し付けだから、子供と分かり合えない部分ができてしまうのだと思います。

子供のことを考えて母親がする自己犠牲とは、犠牲という言葉が当てはまらないのかもしれません。母親にとって当り前の行いなら、そんな言葉は出て来ないと思うのです。自分が産み育てている子供の夢を自分の夢と考え、いつも陰ひなたなく子供を応援しているお母さん。お父さんが後ろでいくら協力してくれていても、そんなお母さんが家庭の中で一番大変な役を背負っているわけです。一人で何役も立派にこなしているお母さんもいます。

毎日の弁当作りも手を抜かず、子供のカバンの中にも良く眼を注ぎ、もう一人の一番手のかかる大きな子供の面倒もしっかり見ているお母さんを、アカデミーでは今年もスタッフ一丸となって応援していくつもりです。

そんな訳でフルに働いておられるお母さん方の負担を少しでも軽くするために、今年の夏休みから、皆さまからご希望がありました早朝保育を実施する方向で検討しております。詳細はまだ未定ですが、少しずつ煮詰めていきたいと考えております。

手抜きをせずしっかり子供に朝ごはんを食べさせ、お弁当を作ってくださっているお母さん。今年もまた一日一日、頑張ってください。

アカデミーは、子供を預ける場所ではなく、皆さんの大切なお子さんが日一日、大きく逞しく育っていく場所です。

昨年の暮の男子の門松工作、お部屋のどこかに飾ってくれましたか？　手芸、編みものなどの作品を手に取って見てくれましたか？「良く出来たじゃない」のひと言が、どれほど子供の自信につながるか分かりません。

褒める時も叱る時も、子供の眼をしっかり見て、きちんと訳を話してあげられるお父さん、お母さん。たとえ忙しくとも、子供に愛情をもって接し、ご自分の精神的・肉体的疲れに耐え、自我を抑えるよう努力しているお母さんを心から応援したいと思います。

毎日のカリキュラムが子供の成長の肥やしとなるように、常に工夫と創造性をもってこの西暦二〇〇〇年も、一日一日を、一人一人を、大切に、夢のある放課後作りを目指して頑張っていく決意です。

毎日の　母の頑張り　子の粘り　子の喜びに　親の生きがい

４　頑張っているお母さんはだれ？

私の母は昨年喜寿を迎えました。七十七歳の誕生日に、兄の家族や嫁いだ孫夫婦らに囲まれ、大好物のカニ料理屋での食事会があったり、十二月には私の家族と一緒にクリスマス・ディナーショーに出かけたり、いつもの誕生日祝いとは少し違った思い出ができたことと思っています。

銀行勤めの父が病気だった頃に、家計を助けるために始めた瀬戸物屋を一人で切り盛りして、姉も兄も末っ子だった私も、学生のころは母が夕食を作りに自宅に戻っている間は、店番をして母を助けるのが日課でした。瀬戸物の水洗いでにわとりの手のように荒れていた細い母の手が私の心の中にある母の手です。

そんな忙しい母の元で育った私は、比較的自分のことは自分でやる習慣が早くからついていたと思います。靴下やシャツのほつれ縫いも、ボタンかけも自分でできるし、冷めた食事の少ないおかずを冷蔵庫の残り物でさっさと補充し温めるのは、学生時代には得意種目になっていました。

皆さまと同じように、母についての思い出は物心ついてから数限りなくあります。その母の思い出の中で、頭にこびりついている言葉があります。それは私が大学生になって初めての正月に和服を着た時のことです。

玄関先で親父のお古のゲタをはこうとしている私に、ゲタの先が欠けているのを見て、母は新しいゲタを靴箱から出してくれました。「肩身の狭い思いはさせないよ」といったひと言です。

その時は何の気なしに聞いていた私も、年を取るにつれて、自分が「親の子供に対する責任や役割」を意識するようになった時、「なんて自分は親に愛されて生きてきたのだろう」と気がつくようになったのです。親に対する感謝の気持ちが溢れるのでした。

私の母はそれほど料理の腕前は上手ではありませんし、お惣菜もマーケットで売っているコロッケやさつまあげや魚の干物でしたが、二か月に一度ぐらい小麦粉を練って皮から作る水餃子は汁の最後まで、たっぷりとソースを入れて飲みほしたものでした。私にとって数少ない母の味です。

つい先日、食事も作らず、施設に保護されている妹の面会に行かないアル中の母親を中学一年と二年の兄弟が殺してしまいました。同じころ　妻の連れ子がハムを無断で食べたという理由で、父親がその子の足を踏みつけて骨折させました。せっかんをされ続けた子供の頭の傷口はホッチキスで止めてあったそうです。

もちろん、「私は幸せだ」と子供時代を振り返ることのできる人々もいっぱいいます。それと同じ日々に、地獄を味わう子供たちも今の日本には結構いる。それはいったい誰の責任でしょうか。社会が、教育が、経済不況が、と言うことは簡単です。でもそれらは現実の解決策にならないものです。

やはり子供と接している親、大人一人ひとりの日々の問題なのです。それぞれの家族(一人ひとりの大人)が一人ひとりの子供にできる限りの思いやりをもって、日々の積み重ねの中で子育てをして、人間としての温かさを伝えていくこと。それが誰にでもできる、そしてどんな場合でも通用する子育ての基本だと思います。

もし、あなたが素晴しい親を持ったとご両親に感謝しているなら、そのご両親以上の努力と信念で、子供たちの素晴しい親になればいい。でも、もしあなたに寂しく、苦しい子供時代の思い出があるのなら、絶対自分の子供にはそんな思いはさせないぞと心に誓って日々を過ごせばいいと思います。

人間の心って弱いものだと思います。親だって日々イラついたり、悩んだり、傷つけあったりして生きています。しかし、どんな時も子供を持つ親としての自覚と責任と役割は、いつも頭の隅に置いて暮らしていくのが親だと思います。

【お母さんへ】この一年、手作りのお弁当、夕食を頑張ってくださいましたか。楽したい、手抜きしたいという誘惑と闘い続けましたか。お母さんのその粘りが子供の逞しさに結び付くのです。子供にとって「食事は甘えの表現」なのです。

【お父さんへ】子供に嫌われる覚悟でしっかりお説教できましたか。汚ない言葉遣いを注意しましたか。そしてその後で、しっかり子供を抱きしめて、親の心を伝えましたか。夢を語りましたか。

食事の美味しさは心の豊かさ……肌の温もりは心の温かさ
Delicious meals lead to rich heart ;Hugging children makes their hearts warm.

5　子供を押し上げている親、子供の足を引っ張っている親……あなたはどちらだと思いますか？

世の中には、一人で親になるシングルマザーもいれば、私の協力隊当時の友人たちのように、家庭に憧れていたのに家庭を築く機会がなく、独身のまま年をとってきた人もいます。私のバレーボール仲間には、温かい家庭で、とても子供好きなのに、色々な事情で子宝に恵まれないご夫婦が数組あります。人生って色々だなぁとつくづく思います。

誰でもが結婚すれば簡単に〝親〟になれる訳ではありません。やはり親になるには、何か我々一人一人の人間が背負っている運命の出会いがあり、神さまの思し召しがあり、そのうえ、息子になるのか娘になるのか、一人で終わるのか、二人、三人と恵まれるのか……、百組の夫婦がいれば、そのありようは百通りの形になるでしょう。

凡人の私でも、〝親〟になることを……実際は無我夢中で、長い年月、親を務めてきていますが……考えれば、考えるほど大変なことなんだなーと思ってしまいます。しかし長女が二十四歳、次女が二十一歳になっても、私たち夫婦は今でも、毎日手探りで子供たちにとって頼りがいのある親になろうと一日一日努力している感じです。

皆さまも仕事や家事に追いかけられて、無我夢中の子育ての真っ只中、ご自分の子供との触れ合いの中で、何を親として伝えてあげたいとか、どんな子供に育ってほしいとか、あまり考える余裕の無い時期かもしれませんが、秋の夜長のひと時「でもね先生」をお読みになって、二十年以上放課後のお父さんをしている私の話を聞いてください。

『子供は親を選べない』とよくいいます。親として子供からもらう最高の褒め言葉は、子供が大人になった時、我が子からの『あなたの子供に生まれて私は幸せです』という言葉ではないでしょうか？ 自我が生まれ、世間や他人の親を知り、一人前になった自分の子供が、自分を一人の敬愛できる人間、その子に最も近いだけでなく、頼りがいのある大きな存在として、自分を親として認めてくれた時、私たちは初めて親の役割を果たしたことになるのではないでしょうか？

私は子供に責任はないといつも思っています。子供は自分にとってもっとも身近で、自分を一番愛してくれている親を見て、親と同じように生活しています。挨拶のできない子供は、親がまともな挨拶をしていません。至極当たり前なことです。

自分のことをきちんと話ができない子供は、家に帰っても親子で目と目を見合わせてする会話の頻度が少ないのではと思います。いつも友たちとぶつかり合うことの多い子や言い訳ばかりが目立つ子供は、家庭での親の甘やかせ過ぎが気になります。自分の家では、きっと何もかもが自分の好きになる傾向があるのでしょう。

アカデミーをその日の気分でよく欠席する子供は、みんなの中で揉まれて成長したり、自分を表現する切羽詰まった訓練から逃げる傾向がみられ、もてる才能が埋もれてしまったり、リーダーシップを自らとる意欲に欠ける気がします。

子供らしく、どんなことにも興味を示し、目を輝かせて毎日を送っている元気な子はたくさんいます。旺盛な食欲をもって、どんなおやつにもお替りをねだり、新しいことに挑戦しようと、アンテナをいつもピーンと立てているお子さん。きびきびとすがすがしく、その上、本当に愛らしい、子供らしい子供たち。

アカデミーのお父さん先生やお母さん先生は、そうした彼らに囲まれて毎日を送っています。その姿から、お仕事でご家庭で、きびきびとそしてすがすがしく、毎日を送られている皆さま……本当のお父さんやお母さん……の姿が想像できます。

6　親にできること……親は自分の子供をどれだけ知っているか？

二学期になって再び子供たちが学校やアカデミーでの団体生活の場に戻ってきました。アカデミーでは更に子供たちがみんなと楽しく逞しく育っていく機会として、九月十九日（金）と二十日（土）にお泊まり保育を実施致しました。夏のアカデミーサマーキャンプに参加した子供たちの場合は、親元から離れた所でお泊まりをする体験がこれで今年二回目になった訳で、どれだけ小さな心の中の自信につながったか測りしれないものがあります。

後を押してくださったご父母の皆さまも「可愛い子には旅をさせよ」という先人の教えにしっかり従った訳です。不安を抱いていた多くの一年生の親・子どもも勇気をもって一歩踏み出した成果だと思います。お泊まり保育後に受付等に寄せられた、皆様からの感謝の言葉の中に、子供たちだけでなくご父母皆様が親として育っていく上で大切な〝子離れ〟の温かな姿が垣間見えて微笑ましい気がいたしました。

さて、今年のお泊まり保育の中身はそれぞれの担当職員から報告がありますので、私は最近読んだ二冊の本から話をしてみたいと思います。

一冊は一九九七年に起きましたあの有名な神戸連続児童殺傷事件、いわゆる酒鬼薔薇事件の犯人（十四歳少年）の父母が書いた〝「少年A」この子を生んで……〟（文芸春秋社）と、もう一冊は、長崎での屋上駐車場から子供を投げ捨てた少年の犯罪など六件の少年犯罪を伝えた〝少年にわが子を殺された親たち〟（黒沼克史、文芸春秋社）という本です。

A少年には弟が二人いて両親合わせて家族五人の、両親が振り返るのには、一見何の変哲もない普通の家族のようであったということです。あの事件で長男が逮捕されるまでは。両親どちらも寝食を共にしていたにも拘わらず、振り返ってみても、正直なにも思い当たる節がなかったと述べています。

事件後初めての面会の場で、A少年から「帰れ、ブタ野郎」との言葉を浴びせられ、〝すごい形相で私たちを睨みつけ〟、〝涙をいっぱいに溜め、グーッと上目遣いで、心底から私たちを憎んでいるという目――〟と書いているお母さんは「あの子の口から真実を聞くまでは、信じられない。きっと何かの間違いに違いない」と、どの親でも思うだろうことを書いています。庭でみんなしてピンポンを楽しむような家族とも書いてありました。

この両親の十四年間にわたるA少年との生活は何だったのでしょうか？　家庭生活の中で、両親はA少年のどこを、そして何を見ていたのでしょうか？　子供たちの心の中をはっきり見ていると自信をもって言える親はどれ位いるでしょうか？

二冊目の本の中で、自分の子供を殺された親たちは全員、今の社会では、殺された我が子より殺した少年たちの人権の方がはるかに大切にされていると感じています。そして何か月もしくは一年近く後に被害者家族が起こす民事裁判になってやっと、我が子が、どんな風に、何の理由で、誰に（勿論相手の少年の名前は教えてもらえず）など、当然の情報を得るために、警察が調べた調書に目を通すことができるのだそうです。

殺され損を身にしみて感じ絶望し、事件当初だけ大騒ぎするマスコミに失望し怒り、被害者の立場に立っていない現状の法律に憤り、残された家族たちも崩壊寸前まで追い込まれ、亡くなった子供と同じような地獄の日々を送るのだそうです。

誰一人として望んでいない事態に、そして夢にも考えたことのないような不幸な情況に陥ってしまう家族がいることは事実です。決してこのような悲惨な出来事が私たちの身近で起きないように祈るだけでなく、それぞれのご家庭が、大人一人一人が日々、平和・安心・安全のために、子供たちの健全な成長のために、最善の努力を続けることが大切かと思います。

さて、今年も半分以上過ぎましたアカデミーの日常生活に目を向けますと、それぞれの学年に様々な長所（良い点）・短所（直したい点）が見受けられます。例えば、

【長所】

①リーダーシップが取れる
②思いやりがある
③何に対しても積極的である
④人の話がよく聞ける
⑤自分のことがしっかり出来る
⑥我慢強い
⑦粘り強い
⑧好き嫌いが少ない
⑨物を大切にする
⑩優しい言葉を使う

⑪行動がテキパキしている
⑫物ごとをしっかり考える
⑬勉強に前向きである
⑭スポーツが好きである
⑮字がきれいである
⑯人の世話やお手伝いが良くできる。 等々

【短所 (直したい点)】
①子供同士のトラブルが多い
②自分勝手な行動が多い
③人の話を聞かない
④汚い言葉を使う
⑤口が重く、自分のことが話せない
⑥好き嫌いが多い
⑦うそをつく

⑧消極的である
⑨何をするのも遅すぎる
⑩普通の我慢ができない
⑪物を大切にしない
⑫字が書けない、汚い
⑬計算ができない
⑭カンニングをする
⑮忘れ物が多い
⑯すぐ人のせいにしたり批判する
⑰すぐに泣く
⑱スポーツに加われない
⑲ご家庭からの連絡がない。等々

子供たちは大人の真似をして、大きく成長したり悪いことをしたりします。周りにいる大人が多くの良い模範を示してあげれば、子供は素直にその行動を真似してくれます。

その意味でここに示した短所は、周りにいる大人の直すべき点なのだと思います。

親が子を知るということは、とりもなおさず、親自らが自分自身親としての長所・短所を認識・自覚しているかどうかということだと思います。

渋谷、新宿を夜中フラフラするような年齢になる前に、親が身をもって示してあげる事柄はいっぱいあります。

親の役割こそ、〝(今)苦あらば、(将来)楽あり〟だと思います。
NO PAINS NOW, NO GAINS LATER.

第四章　クリスマス会・パンチ佐藤さん・エチオピア編

1　クリスマス会の感動と共に！

お父さん、お母さん、今年のアカデミーのクリスマス会はいかがだったでしょうか。学童が行いましたあやつり人形、ダンス、劇は勿論のこと、各学年の演物もバラエティーに富んでいてなかなかまとまっていたと思いますし、ドッジボール、フォークダンス、はたまた腕相撲とけっこう盛り上がったかと思います。

新一年生のご家族には、皆の前での親子歌合戦でどんな思い出が残ったことでしょうか。小学生代表・父母代表・アカデミー職員といった素人の審査委員のつけた点ですので、どうか審査結果は大目に見て頂きたいと思います。

この歌合戦に出るために、ご家族で結束し、練習し、力を合わせた素晴らしい記憶を大切にして頂きたいと思います。どちら様のご家庭でも親子で同じ歌を声を合わせて人前で歌うなどという機会は、そのうちなくなる時が来てしまいますので、どうかいつまでも心の中に大切にしまって、語り継いでいっていただきたいと思います。

アカデミーのクリスマス会は、夏のサマーキャンプと共に、アカデミー開設当時から開催して参りました。日ごろ勉強やクラブ活動で忙しくしている生徒たちと、少しでも遊びやスポーツを通じて息抜きをしてもらうのが狙いですが、勉強以外の面での子供たちの才能や人柄を観察する良い機会でもあります。

初めから小学生が十二月の第一日曜日、中学生以上が第三日曜日と二回に分けて実施してまいりました。

でも、小学生のクリスマス会が昨今のようにご両親が大勢参加される親子クリスマス会になったのは、ここ数年でして、四、五年前まではほとんどお母さんが中心でした。また、四〜六年生の保護者の参加は皆無に近いものでした。

本年度は学童のご家族が百六名、四〜六年生のご家族が六十三名で、合計百六十九名のご家族が参加されました。お父さんの参加人数が年ごとに増えているのが最近の特徴です。腕相撲の優勝は並び順の運だけでは到底望めそうもないほど、高レベルの闘いになってきています。

皆さまが食べてくださった家内手作りの豚汁は、アカデミーの冬の恒例の味になりました。金曜の買出しに始まり、土曜一日かけて準備をいたします。当日皆さまのお腹に収まるまで、三回はぐつぐつと火を通します。中学生になりますと十杯ほどお代りをする生徒もおります。

でも、「先生、美味しかったよ」の一声でその疲れもふっとび、ガス台に乗せたり降ろしたりの腰の痛みもだいぶ和らぐのだそうです。今年は出欠票の概算から過去最大の三百二十名分の料理となりまして、大鍋七個の料理となり、我家はしばらく豚汁定食の日々となりました。

今年もあと残りわずかとなりました。ニュースを騒がせている事件を振り返りますと、なんと多くの人が、自分自身に信念がなく、教祖（グル）と言われる人々に、いとも簡単にだまされるのでしょうか。

人間ひとりひとりの能力にはそんなに差はないはずです。政治に向いている人、教育に向いている人、スポーツに向いている人と、人それぞれの良し悪しや長所・短所はあるにしても、他人の人生や運命をころっと変えることのできる神さまのような人間など世の中にいる訳はありません。

外国へ旅行する機会のある人なら、世界中至るところに、人間の英知や愚かさを象徴し、血と汗の結集した歴史遺産があることをご存じでしょう。人々の運命は途轍もないほど長い歴史の中で、少しずつ変転を遂げていっていることが分かるはずです。

どこの国でも一生懸命働いている人間の足の裏はあかぎれ、水虫、靴ずれとお世辞にも美しいとはいえません。毎日家族や社会のために働いている人々の手や足は、料理・洗濯の水洗いで荒れ、会社を歩きまわる靴の中で押しつぶされています。その「汚なさ」は、家族への愛の、そして生きている充実感の証しなのです。どうしてそんなことに気付かないのでしょうか。私たちの父や母の手や足はごつごつと無骨でザラザラとしていた確かな記憶があります。

つい昨日まで自分たちの隣りでにっこり笑っていた奥さまや、TVで人気のタレントがなぜ殺人者となるほど追い詰められていくのでしょうか。足裏診断を信じてしまうほど、なぜそんなに切羽詰まった状況へと自分を追いやってしまうのでしょうか。

日々の積み重ねの中で、自分自身を逞しくする努力を続けると共に、自分の人生への夢と家族への感謝を忘れることなく、眼を大きく広げて、一日一日を楽しく、充実して生きていくことが大切なのではないでしょうか。

そして自分の幸せに気づいた時、それを少しでもほかの困っている、弱い人々へと広められるよう「思いやりの心」を持って生きていくことが、大切な生き方だと信じています。

アカデミーで学ぶすべての子供たちが、来たる二〇〇〇年、そして二十一世紀に、大きな夢を抱き、逞しい青少年に育っていくことを心から願うと共に、その成長の肥やしになるよう、スタッフ一丸で応援していきたいと思います。

今年起きたいろいろなこと、いろいろな人たち、ありがとう。

I wish you A Merry Christmas & A Happy New Year.

2　クリスマス会の感動と共に！（続）

国連の統計によりますと、現在地球上の人口約六十数億のうち、十二億の人々が一日一ドル（約百十円）以下で生活をしていて、その内の六億人以上が子供だそうです。アカデミーで支援を続けているエチオピアの子供たちも勿論その中にいます。

また、日本国内では、昨年一年間に児童相談所で受け付けた児童虐待の相談は約一二、〇〇〇件で、この十年で十倍に増えているそうです。そんな世紀末の心が寒くなる状況が聞こえてくるなかで、内藤アカデミーの手作りの親子クリスマス会は無事、盛大に、予定通り楽しくなごやかに行われました。学校とはちがった場で、放課後を共に過ごしているアカデミーファミリーの中での、お子さまの成長ぶりを、どうご覧になったでしょうか。

基本的にアカデミーでの生活は、学校と同様、団体生活の中での協調性や、協力、思いやりを基本に据えております。そこから生まれる、小さい子の世話、リーダーシップや自主性、学習能力とスポーツ能力のバランスなど具体的な行いに重きを置いて、日々の活動を行っております。ですから、皆と同じ行動がとれているうえで、その中に自分を主張しようと努力する何かが光ってくれれば、そして基本的に〝子供らしい素直な心〟を持っていれば、将来の幸せへ向けた基礎固めができたと、お父さん先生は確信しています。

振り返りますと、小学生の集まりは、昭和五十二年（一九七七年）の十二月、アカデミーを開設した一年後にスタートしました。今年、二十四回目となりますが、今のようなクリスマス会がもたれるようになったのは翌年の昭和五十三年です。親子ドッジボールや親子歌合戦もあり、学童劇は「ブレーメンの音楽隊」でした。

学年別の催しも今と同様でした。ただ、ご父兄の参加はお母さんが中心で十名前後でした。何しろ何から何まで私と一歳の長女を抱いた家内との手作りでしたので、数枚の写真と劇の古い台本が残っているだけですので、記憶が薄らいでしまっています。そのころの学童は十名で、今では三十歳ほどになっているでしょう。

昼食は、現在のおいなりさん（市販品）になる前は、すべて家内の手作りで、焼そば、カレーライス、おでんの時もありました。昭和六十一年ごろに現在のおいなりさんと豚汁のパターンになり、豚汁は相変わらず家内が三日がかりで作っています。昨年と一昨年は約三百人分（営業用大鍋六杯）でしたが、今年は約四百人分（八杯）で、中学生のクリスマス会で更に百～百三十人分が追加されます。内藤アカデミーのクリスマス会はお母さん先生の力なしでは二十四回も続かなかったと実感しております。

子供たちは二学期に入ると、劇やダンス、英語劇などの準備を始めます。毎年、限られた時間の中で練習を重ねてきました。大きな声でセリフを言うのも、ダンスの振り付けを覚えるのも、指導する先生たちの厳しさについていくのも、自分の晴れがましい姿を見せたいがためです。〝お父さん、お母さん！　クリスマス会を終わって帰宅したお子さんに、何と褒めてあげましたか？　どう励ましてあげましたか？〟

努力して一つのことをきちんと成し遂げた時には、それが不安が多いものであればあるほど、達成感や満足感は大きいものです。

この日の夜、それぞれのご家庭で、子供を膝に抱っこしたり、一緒にお風呂に浸ったり、寝床で枕を並べながらクリスマス会のできごとを話し合ったご家庭には、きっと素晴らしい二十一世紀が待っていることでしょう。

【お母さんへ】アカデミーのお母さん先生に負けない手料理をこれからもいっぱい作

って、二十一世紀の逞しい我が子に育てていってください。

【お父さんへ】厳しい時には厳しく社会のルールや責任を教えるけれど、いつも子供を膝に抱きあげて話を聞いてあげ、身体の温かさで愛情を伝え続けてください。

二十一世紀も家族っていいな　みんながいるんだもん　心と心で支えあってくれる

3　夏休みを終えて……長梅雨・冷夏・異常気象のもとでも学童は逞しく！

夏休みが無事終了致しました。四十四名が参加した朝八時からの早朝保育教室。通常保育カリキュラムと重ならないように、ロールアートの工作や読書（音読）、外出、ビデオ、絵日記、鉢植え製作と観察、体育館遊び（卓球）など、とても規則正しく、楽しく充実した日々になったと思います。

十時半からの通常保育教室にはほとんどの学童が顔を見せてくれました。十一時になりますと、体育館でお父さん先生が行う夏休み恒例のチャレンジスポーツに全員が挑戦します。例年通りの十八メートル走、走り幅跳び、ボール遠投、縄跳び、ブリッジのほか、今年は大縄跳びや障害物競走も加わりました。体育館をゆっくり歩き始め、スキップで軽やかに走り、そして体操の隊形に広がってから朝の挨拶の後、時間をかけて体操・柔軟体操と続けていきます。

このころになると一番汗をかいているのが指導しているお父さん先生で、顔中から汗がポタポタしたたってきます。柔軟体操になると、身体が重くなり骨が硬くなったお父さん先生には非常に厳しい体操がいくつもあります。両手で両足を背中側で持って胸を反る海老反り体形は学童全員難無くできますし、多くの子供たちは胸が九〇度まで反った状態を維持することが可能です。さらにブリッジとなると、全員が頭を床につけずにできますし、身体を上に反らせた状態で、片手を上げたり片足を上げてバランスをとることも多くの学童がマスターしています。

四月以来、毎週水曜日に体操教室を継続しているためだと思います。正に〝継続は力なり〟の証です。お父さん、お母さん、子供と一緒に布団の上で試してみてください。

身体を十分に目覚めさせ準備を整えてから、その日のチャレンジが始まります。病気で運動ができない子以外は基本的にはどの子も同じスポーツに同じ条件で挑戦させます。ブリッジと同じで皆と一緒にワイワイやっている内に、多少の差はありますが、自然に皆と同じように身体が動いていきます。

子供たちはお父さん、お母さんがやったことの無いこと・出来ないこと・苦手なことでも団体行動の中で〝慣れ〟からいつの間にか身に付けていきます。

二十一名が参加した四、五年生のサマースクール。職員のアドバイスのもと自由研究も順調に進み、八月二十八日の発表会では大きな模造紙を四枚もつなぎ合わせるほどの大作研究発表もあり、毎年のことながらしっかりしたアドバイスさえあれば、子供たちの能力はどんどん伸びていくものと再確認しました。

今年初めて大型観光バス二台で出かけました秩父・長瀞キャンプも、あの天候不順・冷夏・雨続きの天気のなか、本当に運良く全ての活動を予定通り行うことができました。多分初めて保護者から離れての二泊体験をした一年生・二十七人にとっては、これからの長ーい旅行人生の良いスタートになったことと思います。

お父さん先生にとっては、赤谷温泉で子供たちの頭を洗ったり、露天風呂で子供たちとのんびり湯に浸ったのが、とても良い思い出です。学童の部屋には必ずアカデミーの女性職員が一緒に泊まりますが、〝先生はいつ寝ているの？〟と素朴な質問が出されたり、咳が出てしまい介抱されながら眠った子はあとで絵日記に感謝の言葉を書いてくれました。

アカデミーの手作りサマーキャンプは、担当職員が全ての活動場所を下見し、何度も現地や旅行社の担当者と慎重に協議して実施されます。参加申し込み時には、保護者の皆さまに大変なご苦労をお掛けしますが、中身とその楽しさは参加してくれた子供たちからたくさんお聞きのことと思います。とにかく、今年も大きな事故・事件なく、ちょっぴり逞しくなった〝我が子〟たちを皆さまにお返しできて、職員一同嬉しく思っています。

学童たちはこの夏休みに色々な経験・挑戦を経て、個人差は当然ありますが、それぞれに成長いたしました。この成長の流れがお泊まり保育・クリスマス会へと続いていきますので、子供たちの成長を楽しみに見守って頂きたいと思います。また、夏休み中に様々なお気遣いを頂きまして誠に有難うございました。学童、職員のおやつに利用させて頂きました。

子の成長　親のあと押し　もうひと押し　近くで支え　遠くから見よ

4　内藤アカデミー「パンチ佐藤」物語

いま、テレビの番組で大活躍しているパンチ佐藤さん。ご存知の方も多いことと思いますが、彼は初期のころのアカデミーの卒業生です。彼がアカデミーに入会したのは中学二年の冬だったので、彼との付き合いはかれこれ二十年近くになるかもしれません。西中原中学の野球部で、エースで四番バッターだった彼は、ある日突然、部活の顧問の先生に、「和弘、高校入試の勉強しているか?」と聞かれ、愕然として、「クラスで一番成績の良い女の子の通っている学習教室に入ることに決めました」と、後になって話してくれました。私がこの内藤アカデミーを自分一人で開設してから三年目のころでした。

その時の教室は今の自宅の芝生の右隣に建っている平屋の家で、同じクラスには、セイ子・ミキ子・ミホ・マリの四人の女生徒しかいませんでした。この四人の生徒とは今も近況を知らせ合っていますが、二人は下小田中で家庭を持っていますが、ご主人の仕事の関係で一人はアメリカ、一人はシンガポールに長いこと住んでいます。この生徒たちは英語がとても好きで、また良くできる頑張り屋の生徒で、教科書の読みも私と同じ速さで、息を継ぐ時もピタッと揃うほど良く努力したものだと思います。

私は必ず家で十回声を出して音読することを宿題にしていたのですが、彼女らはライバル心を燃やして、他の生徒を意識し、「十数回読んでいた」と大人になってから話してくれました。

ちなみにアカデミーに入会した中学生がまず驚くのが、この英語の音読の速さだそうです。イギリスの大学院から帰ったばかりの私としましては、やはり将来役に立つ、話し言葉に近い速さの英語に慣れてもらうことが基本的な考えです。

さて、そんな息継ぎをするのもピタッと揃うほどのクラスに、遅れて入会してきた佐藤さんは勉強についていくのに大変だったでしょうが、あの仲良し四人組は英語の読みのスピードにブレーキをかける彼を毛嫌いするのではなく、ものの見事にクラスに吸収してくれました。子供たちの仲間思いの心遣いを嬉しく思ったのを、いまでも思い出します。

勿論こういう局面で、四人の女性たちを味方につけられた佐藤さんの人柄が一番大切ですが、もともと学校で人気者だったうえに、努力しようという姿勢が皆に評価されたのだと思います。そんな訳で私と彼と四人の女生徒たちとは先生―生徒というより人生のある時期の年の離れた仲間のような気が今ではしております。そんな二十年近くの付き合いですからエピソードは数々ありまして「パンチ佐藤」物語として折にふれ続けていきたいと思います。

まずは彼が生徒だったころの話からです。

【腕立て伏せ】初期のアカデミーはかなり体操を重視する教室でした。それは私の心の中にエチオピアがあったからです。地球上最後の天然痘が残っていたアフリカ・エチオピアで二年間、天然痘監視員をしていた私は山岳地帯の貧しい農村で、学校に通いたくとも学校へ行けない多くの子供たちと知り合いました。

また、その年の雨季に雨が降らないとすぐ旱魃だ饑餓だと絶望的に苦しめられて死と隣り合わせに生きている多くの子供たちと友達になりました。そして、そんな境遇に生まれながらも大自然の中でどこまでも純朴で、そして最高に素敵な笑顔を授かっているエチオピアの子供たちを心に描いてこの内藤アカデミーを開設しました。

日本の学生生活の中でもクラブ活動と勉強の両立、灰色の受験勉強と大変苦しい状況もありますが、エチオピアの子供たちが経験しなければならない絶対的貧困とは訳が違います。耐える苦しさの重みや種類がまったく違います。日本の子供たちよ、日本人に生まれた幸せを考えて、もっともっと身体や心や頭を鍛え、もっともっと逞しく育って、世界のそして社会のリーダーになれるように頑張って欲しい。そのために、このアカデミーでは、ルールにのっとっていくつかの体操がありました。最大のものとしては腕立て一〇〇回や、足上げ三分、腹筋一〇〇回というのがありました。

ここで話はパンチさんに戻りますが、ある時この腕立て伏せをやらせてみますと、余りできません。そこで私が「和弘、そんな腕の力でヒット打てるの？」と言いますと、彼は即座に「先生、バッティングは腕力ではないんです」と答えたのを今でも覚えています。ＴＶ番組の中で彼の話術がおもしろいのは小さいころからのものです。

しかし、その後　亜細亜大に入って全日本に選ばれるようになったころ、彼はシャツの上からでも上半身の筋肉が分かるほどのムキムキマンになっていました。勿論徹底した筋肉トレーニングを行った結果です。中三の冬には、南武線を越えた富士通の裏の方から、プロレスのデストロイヤー風な服と口のところが穴の空いた防寒マスクをして通っていました。

【父親】お父さんもお母さんもスポーツ好きの方ですが、お父さんは若いころキャッチャーをやっていて、結構いい線までいっていたそうですが、膝だか腰だか痛めてしまって、野球を諦めなければならなかった。ですから自分が果せなかった夢を息子に託す気持ちで見守っていたのだと思います。

どの親も子供が自分を超えようと夢に向かって努力している姿を見るのは嬉しいことで、佐藤さんのお父さんとは良く神宮で東都大学の試合の際に、一緒に観戦しました。そのお父さんの前で、後のパンチ佐藤は、駒沢大学との優勝決定戦の二試合目に逆転満塁ホームランを打ちました。私も家内と一緒にその試合を見ていたのですが、その時の興奮と感激は忘れられません。よく黙々と練習をしており、「神様が打たせてくれたよ」とご両親に報告していたのを側で聞いていましたが、私は「お父さんの気持ちが乗り移ってホームランを打たせた」と思っています。

お父さんは今はもういらっしゃいませんが、きっと佐藤さんの親孝行に、その日の晩酌はいつもの何倍もおいしかったことと思います。子供の成長や夢をしっかり応援している親には、必ず子供からの嬉しいお返しがあるのです。

親孝行　している姿を　子に見せて　自分の番は　先のまた先
Those who can give affection will receive more in the long run.

5　エチオピア訪問記……学校が本当に楽しい！

　九月十六日から十月一日までの十六日間、第二の故郷エチオピアに行って参りました。シバの女王の伝説から始まっているアフリカ大陸最古の王国。また東京オリンピックの裸足のマラソンゴールドメダリスト、アベベ、最近では女性のマラソンゴールドメダリスト、ファティマ・ロバを輩出したマラソン王国・高原の国（首都アディスアババは標高二四五〇㍍）。ご存知ない人が多いのですが、モカコーヒーの原産地で輸出のかなりの部分をコーヒーが占めていて、茶道のようにコーヒーセレモニーがあるコーヒー原産国、エチオピア。

　私はそのエチオピアと、もう三十二年の付き合いになります。早稲田大学の交換留学生として通ったアメリカの大学で、エチオピアから来ていた留学生アルマズ（女性でダイアモンドの意味）と顔なじみになったのがキッカケです。

　留学後、リュックサックを背負って出かけたつましい世界旅行の途中、貧乏学生の私をエチオピアの人々が何の違和感もなく迎え入れてくれたことが、その後の長いエチオピアとの出会いの始まりでした。もしもその時少しでも怖い思いや不愉快な経験があったら、今日までの長い付き合いはなかったでしょう。人生における友達との出会いに似ています。

出発の日の夕方に成田を出発し、真夜中にタイのバンコクに着き、乗り換えのため四時間ほど空港内で時間をつぶして、朝方エチオピア航空で首都のアディスアババに向かいました。約十九時間かかりましたが、時差の関係で到着したのは、十七日朝八時十五分頃でした。

今年の正月が九月十一日というエチオピアは、ちょうど雨期が終わりに近付いていて、一年で一番気持ちの良い季節です。到着してからの数日は、今回の目的である小学校へ寄贈する「スチール製の三人掛け椅子つき机」を、制作してくれた町工場へ確認に出かけたり、机にご寄付くださった皆さまのネームプレートを貼り付けたり、その写真をとったり、その合い間をぬって、アカデミーの子供たちへのお土産を探しに出かけたり、ロータリークラブに出席したり、日本大使館に大使を表敬訪問したりと、けっこう忙しい日々を過ごしました。

寄贈する百六十脚の机は二台の大型トラックに山積みにされ、今回の寄贈先のコソバルという町へ先に出発しました。四百五十キロ離れた農村部の小学校なのでトラックは二日がかりです。私は贈呈式がある二十四日の朝、アディスアババから国内便の飛行機で学校に近いバハル・ダールという青ナイル川の源流の一つのタナ湖畔の町に向かい、そこから更にランドクルーザーで二時間半かかって現地の小学校に到着しました。

小学校の校庭にはずらーっと二列に百㍍ほど生徒らが整列していて、後ろの方は霞んで見えないくらいでした。何百人もの生徒たちが整然と拍手をして出迎えてくれる様子は、壮観というか、驚きというか私の人生できっと最初で最後の光景だと思います。

不慣れなエチオピアの言葉で挨拶をしますと、その度に相槌を打ってくれたり、拍手をしてくれたりと楽しい贈呈式になりました。地元川崎のサッカーチームから寄贈されました中古Ｊリーグボールも、サッカーが好きなお国柄なので大変喜ばれました。また、お父さん先生がお手伝いした地元の中学校ＰＴＡから寄贈されたピアニカは、まず先生たちが吹いて大笑いになってから、子供たちに手渡されました。

その後、新しい机が納まっている教室に入り、子供たちと一緒に写真をとったりして、少し一緒に過しました。その子らの表情が何と輝いて見えたことか。学校にきて、友達と一緒にいることを心から楽しんでいる様子が良く分かりました。学校から帰ると、家の手伝い、畑の手伝い、牛や羊の放牧や世話、小さい弟妹の世話、水汲み、薪拾い。それに、旅行客が通る通り沿いでは、靴磨きやタバコなどの小物売り、お土産作りからその販売と、子供たちは一日中真っ黒になって働きます。

ですから、友達と一緒にいる学校での時間は彼らにとって、それはそれは楽しく貴重な時間なのだと思います。好奇心に満ちた子供たちの目がきらきら輝く時間なのです。ホテルや特定の家庭は別にして、どの家にも電気がありませんから、テレビはおろかラジオもありません。学校の先生から聞く話が全てで、そこに彼らの全世界があります。

彼らの親の時代はもっと教育環境が悪く、かつ戦争もありました。子供たちが親から教育面で得ることはとても限られています。従ってエチオピアの子供たちと学校の間には、学校が当たり前の日本の子供たちとは、想像もつかないほど密度の濃い関係が存在しているように私には思えました。学校が子供たちにとって本当に楽しい場所になっている。そんな気がしてなりません。

学校が子供たちにとって一番好きな場所、学校へ通える幸せ、そんな当たり前がエチオピアにはありました。

第五章　内藤アカデミー開設編

1　下小田中三丁目事件簿

私が昭和五十一年（一九七六年）の十二月に内藤アカデミーを開設してから、早二十四年と半年以上が経ちました。その当時を振り返ると、南武線の駅も車輌もいかにも古くさく、駅から自宅までの道のりにはかなりの田畑、水田が残っていて、東京の郊外というよりは田舎と呼ぶほうが似つかわしいと思われました。日が暮れてから教室の窓を開けると蛙の鳴き声がひどくうるさかったと記憶しています。

台所はプロパンガスが主流だったし、各々の家に専用のトイレの浄化槽を作り始めたのもそのころのことでした。駅からの道など周辺の道路が大きく変化した訳ではありませんが、自宅の前の道は狭かった歩道が広げられて、二車線あった車道が一車線になりました。元住吉方向に抜けるはずの道路は当時から今も相変わらず法政大学の野球グランドより少し先で行き止まりになっています。ただ、南武線が高架になり、駅の位置がかなり移動し、開かずの踏切だった交差点が便利になったのは大きな発展といえます。

また、下小田中三丁目に地番変更があったのは平成二年ですが、それ以前も、それ以降も地域の結びつきは強く、特に葬儀の時に助け合う隣組組織のグループがあります。通夜・告別式ともに、親戚の接待で喪主家族が余り動かないでもよいように世話役の人の指示のもと段取り良く協力して取り行われます。というように、町会もしっかり活動していて、大人の眼が行き届くので、今まで事件・事故も少なく、犯罪の少ない安全で穏やかな町だと思います。

それでもこの四半世紀の間には、殺人事件が一件、放火事件が数件、交通事故死が三件ほど、記憶にあります。特に結婚してしばらくのころ、アカデミー校舎のすぐ先で放火事件が相次ぎ、夜中に何度も起こされたことを覚えています。また、交通死亡事故のうち二件は小学校二年生の男の子で、その内の一件は井田中学校の角の十字路で家内の見ている前で起こりました。ダンプカーの車輪の間へ小学生の自転車が突っ込んで行って巻き込まれてしまったのです。

痴漢というか露出狂は、時折出没しているようで、家内の若いころから二人の娘の学生時代も、気候が良くなってくると中原駅からの帰宅途中に下半身を露出して女性を驚かせている人には何度か出会っているそうです。皆さまの中にも不愉快な気分にさせられたり、ぎょっとした場面に出っくわした人もいるかもしれません。ただ女性が暴行されたりレイプされたりといった大事件はなかったように思います。また、夜アカデミーに通ってきている中・高生にも今までは事件らしい事件はありませんでした。帰宅時刻が夜十時を過ぎますので、とにかく明るい場所を道草しないで急いで帰るように気をつけています。

　ところがとても残念なことに五月の連休明けに、一人の中学生が露出狂に家まで追いかけられてしまいました。その子は言葉の暴力によって怯えさせられ、家に駆け戻った時にはガタガタと震えていたそうです。翌日そのお母さんから電話で報告がありました。話を聞いているうちに、私は二つほど、気になる点に気付きました。

①その女の子は、アカデミーの帰りに他の子と別れぎわにたびたび十分ほど立ち話をしていたようです。そのことを母親も知っていて許していたのです。

②従って娘が遅くなっても母親がお迎えに出る習慣が徹底していなかったのです。

いまの時代はいくら治安が良いといっても、危険の芽はいくらでも存在することを忘れてはいけません。つい最近起こった大阪教育大附属小学校の刃物男のショッキングな刺殺事件はわずか十五分の間に八人の無垢な幼い子供の生命が奪われました。

私たちは安全を過信してはいけないのです。

『いくら注意しても注意しすぎることはない』これが無事に、平和に一日一日を幸福に送る大切なキーワードだと思います。この言葉は学童教室の子供たちの安全のためにも忘れてはいけない鉄則なのです。先の大阪の事件も、浅草でのパンダ帽子男の女子大生殺人事件にしても、被害者に何の落ち度や責任がなくても事件・事故や災難は振りかかってくる時代だということを、父として、母として考えなければなりません。

「何となく一日が安全に過ぎた」ではなく、事件・事故が起きないような子供の一日を考えて学校に送り出してください。また、学童教室から帰宅にしても、やむを得ず一人帰りさせるとしても、その間に起こるかもしれない事件・事故を予想し、毎朝口をすっぱくして徹底して子供たちに安全な帰り道や帰り方を教えてあげてください。

親が忙しいからといってアカデミーに連絡できず、それが事故に結びついたとしたら皆さまの日々の苦労は報われません。各ご家庭に授かった宝物の子供が一人前になる前に、その子に何かあった時、親として何もしてあげられなかったと気付くのが、親にとって一番の不幸だと思います。

「明日は我が身」。いくらいくら注意しても注意しすぎることはありません。

One can't be too careful about the happiness of one's children.

2　夢の発信地となるアカデミーを目指して！

新年あけましておめでとうございます。

今年のお正月は穏やかな天候に恵まれました。それに親しい友達との新年会のみならず、嫁いだ姪たちがご主人を伴って母の元に集まりましたので、私にとっては家族が増えたとても嬉しい年の初めとなりました。皆さまのご家庭では、どのようなお正月でしたでしょうか。

今年も沢山の年賀状を頂きました。「アカデミーを通して親と子の思い出をたくさん作らせて頂きました」というお母さんの添え書きに代表されると思うのですが、我が子たちからの元気で前向きな言葉に、たくさんの新鮮なエネルギーを授けてもらった私「お父さん先生」も、皆に負けず頑張ります。

それに、引っ越しなどでアカデミーを退会された学童たちからの年賀状は、いまもアカデミーファミリーの暖かさを慕ってくれているような気がしてホロッとしました。昨年、高校に進学した生徒から「新しい学校でとても楽しく過ごしている」という便りに、アカデミーでの苦労が報われて嬉しかったし、ウェディングドレス姿の年賀状の「やっと結婚できました」のひと言には正月早々思わず落涙。かと思うと、卒業生が子連れで新年の挨拶に訪れたり、海外で生活している卒業生が慌ただしい帰国の合い間を縫ってご主人と久しぶりに尋ねてくれたり、などなど、お父さん先生の周囲は、アカデミーファミリーの輪が大きく広がり、優しさとぬくもりで溢れているように思えるのです。

しかし、世の中を見回すと、昨年の和歌山カレー事件が通り過ぎたと思う間もなく、正月早々、伝言ダイヤル事件やインターネットでの薬物事件などと、次々と事件が起こっています。いまの日本には何と愚かな人々がたくさんいるのでしょう。

五十二歳という今の自分を振り返ってみるに、年々日本という国は、間違った方向に進んでいると思わざるを得ません。あちこち外国を知っている私には、今の日本は、子供が健全に育つ住み易い先進国とはとても思えません。故郷をゴミでいっぱいにしたり、モノやお金に目がくらんだ人々が押し合いへし合いしています。心の貧しい人々の国に傾いているように思えるのです。これは私たち大人の責任です。

アカデミーの今年のテーマは「夢の発信地になる」です。子供たちが、未来に繋がる、温かく壮大で優しい正義感のある夢を抱いて欲しいのです。そのためにスタッフは一丸となり、子供たちと二十一世紀の夢を語り合っていきたいと思っています。
学童クラスのご父兄も、二十一世紀の我が子のためにどうぞご家庭でできる何かよいことを今年は心がけていただきたいと思います。

夢が子供たちを大きく育てる
Dreams make children perfect.

3　習いごとに思う

アカデミーの学童保育教室に〝ただいま〟といって帰ってくる学童たちは、各ご家庭の方針によって、勉強だけでなくサッカー、水泳、空手、野球、ピアノ、エレクトーン、英会話などの習いごとにも通っているケースがあります。基本的にはアカデミーの学童保育教室所属なので、習う回数は週一回が普通で（土曜日が多い）、ごく稀に二回という場合もあります。

各ご家庭の方針として、ご両親が自分の子供の幸せを考えて決められたことですし、ご自分の方で送り迎えなどをやりくりなさっていることでしょうから、アカデミーがとやかくいうことではないかもしれません。

また、勿論アカデミーのカリキュラムが何から何までカバーしている訳でもないし、価値観の多様化で子供時代に色々な経験を積ませたいと思い、それが可能な情況なら至極当たり前なことだと思います。

しかし現在の子供を取り巻く社会は、私たちが育った時代のように周りの地域社会が温かく注意を払ってくれていた時（または、生きることが精一杯で大人が子供に余り関わっていられなかった時）とは違い、子供たちを標的にした事件が日本全国で起きている嫌な物騒な社会になっています。幸せなことにこの中原地区は本当に今まで、悲惨な事故や事件が無かったことに感謝したいと思います。

ただこれからもこの周辺で悲しい出来事が絶対無いとは言い切れません。事件・事故は一瞬のことですが、後悔は一生続くと思います。〝油断大敵〟はこの仕事では考えられません。そんな訳でアカデミーからの一人帰りは極力避けるように入会時にお伝え致しております。（現在十名の二、三年生が一人帰りですが、必ず家に着いた時にアカデミーに電話連絡を入れる約束になっています。ただ電話がなかったからと言ってアカデミーは何もできません。それは〝一人帰り願い〟を出された時から保護者の監督責任の問題になります。）

アカデミーの基本方針は、〝小学校の三年間は保護者にお迎えに来て頂く〟です。二十数年間学童教室が事故・事件なく運営できたのも、この基本を忠実に守ったからだと思っています。

習いごとの中で時々問題が生じるのが、〝進学塾〟です。アカデミーも塾ですから、

〝進学塾〟に通うことを事前に相談に来られる保護者は、あまりおりません。話しづらいと思われるのでしょう。これも保護者の決定事項ですので、私の方からとやかく言うことではありませんが、問題が生じた後で相談に来られる方がいらっしゃいますので、そんな時にお話することをまとめてみましょう。

基本的に
①勉強が大変な進学塾は保護者の意思で決めることなので、保護者がしっかりしたバックアップ態勢ができるよう両親がよく話をし、送り迎えから宿題のフォローまできちんと親の担当を決めること。このバックアップがしっかりできないご家庭は、途中で無理と気付き中途半端に終わっているケースがよくあります。
②お子さんは、学校・アカデミー・進学塾と違う三つの場所での人間関係をそれぞれ作っていく訳なので、精神的にかなり逞しく育っているかどうか保護者がきちんと把握していないと、大成しません。かえって子供にとって一番大切な学校が楽しい場所にならない可能性も出てきてしまいます。
③進学塾に通う子供は、学校で毎日している勉強が良く分かっていて勉強好きな場合

がほとんどなのですが、稀にそうでない場合があります。アカデミーでも、独自のカリキュラムやホームテストで常時勉強内容の理解度をチェックしていますが、率直にいって、進学塾の勉強にエネルギーを使うより、学校やアカデミーでの基本教育やきれいな字でしっかりしたノートを作る等の基本事項を確実に身に付けた方がよい子供もいます。親の無理な希望を子供が背負っていると、繊細な子供はどこかにその負担が重荷になる可能性があります。

④公立学校での学力低下のご心配はよく理解できますが、小学校低学年から進学塾へ通った子供が全員東大へ行けるわけでもないし、大学教授や医者になれるとも限りません。子供時代だからこそ身に付けなければならないことはいっぱいあります。内藤アカデミーは地元学校のサポーターとして、子供としての基本をしっかり身に付けた〝子供らしい子供〟の育成を目標にしております。

将来の人生設計如何によって目指す中学も違うと思いますが、学童のレベルから進学塾を考えなければならない中学というのは、ごくごく限られていて都内・県内ともほんの数校かと思います。ましてやこの中原地区から通える私立ですと、二～三年の受験準備で十分な学校がほとんどです。

例えば、一昨年日大附属の中学へ合格した生徒はこのアカデミーで数か月の特訓で済みました。学校差はそれぞれありますが中レベルの私立中学は少子化の影響で、ここ数年は基本的な勉強をしっかりやっていればかなり合格し易くなっています。また地元の公立中学は、スポーツや部活動も盛んで、おかしな生徒も少なく、大学の付属高校やレベルの高い高校へ多数合格しています。内藤アカデミーも塾なので相談していただければ、子供の将来の色々なアドバイスはできます。

学校・アカデミー学童保育教室・習い事の狭間で、子供たちの心はさまざま揺れ動きます。問題が起こった時、親にとって大切なことは〝我が子の将来の幸せに何が一番大切か〟をしっかり見極めることだと思います。

4　大地の恵み「学童菜園」……自然を愛し、感謝する心を

今年、おばあちゃん先生（母）は、体調が思わしくなく畑仕事を控えたため、学童教室が担当する畑が大幅に増えました。春先からお母さん先生が今年は菜園計画を立てて色々な作物を作ろうと話し合い、畑の土起し、雑草取り、石拾いと、例年以上に学童と一緒になってスタッフが取り組んで参りました。特に今年は裸足で畑に水をやるなど、大地を素足で感じてもらう計画があるので、石拾いは念入りにし、そして土曜プログラムの時に足洗いで使うすのこも作ってもらいました。

今年は例年通り、なす、きゅうり、トマト、ピーマン、さつまいも、枝豆、へちまのほかに、新たにじゃがいも、とうもろこし、カボチャ、スイカ、大根、かぶ、人参が加わりました。昨年、畑の横での野外おやつで天ぷらにして喜ばれた大葉は今年も畑のあちこちから小さな芽が出てきまして、お母さん先生がその小さな若葉をじゃがいもの横に一列に植えかえました。大根の若葉も驚くほど一気に芽吹き、間引きをして、なすやきゅうりの横に植えかえました。この数ならきっと学童の家族全員に大根が一本ずつ回

るのではないかと密かに思っていたのですが、大根の小さな若葉と雑草の違いがまだ良く分からない子供たちに水やりの時、踏まれてしまっていつの間にか数えるほどになってしまったのは少し残念でした。

スーパーマーケットへ行けばひと山いくらの野菜ばかりですが、自分たちで手塩にかけて育ててみますと、日照りの乾いた泥の中で、そして横なぐりの強い風に倒されまいと斜めに傾いで、葉を振るわせている野菜たちの姿は小さいが故に、はかないが故に「おおい、頑張れよ」と声をかけたくなります。

私たちが日々何気なく口に運ぶ多くの作物が、作る人の愛情をいっぱいもらって、売り場の陳列棚に並ぶのだなぁと再認識すると共に、日ごとに、一雨一雨、作物が太り実らせる大地と自然の力に驚かざるを得ません。子供たちの水やりの時には「大きくなってね」「元気に育ってね」と声をかけさせておりますが、日々の当たり前のような自然からの恵みにも、自然を大切にし、感謝する心が大切だとつくづく感じます。

畑の一番奥に私が植えましたとうもろこしが育っております。五月に等々力緑地で行われました植木祭の折りに二〇センチメートルほどの長さに成長した八本の苗を買ってきました。が、植えるときにその内の一本がすでに折れてしまっていて、添え木に固定してもそれからしばらく続いた強風の悪天候のため、折れて曲っていることが多く、しっかり育つかどうか心配をしていました。苗を売っていた人も折れたのは多分育たないだろうとのことでした。案の上、その後の成長は悪く、枯れて朽ち果てたわけではないのですが、他の苗の三分の一ほどの成育です。話の飛躍が過ぎるかもしれませんが、人間の成長もこのとうもろこしに似ていて、子供時代の、それも極めて小さいころの心と身体の健全な成育が、その後の発育に大きな影響があるものと考えられます。

「三つ子の魂 百まで」の諺もあります。人を愛し、人に愛される性格、人に親しまれ、人の役に立とうという気質、家族を大切にし、日本を誇りに思う人柄、それらすべては、小さな子供時代からの日々の積み重ねの中で養われていくものと思います。成育の遅いとうもろこしでも枯れないよう、一本でもいいから実がつくように育てていく、楽しみがあります。皆さんも見守ってあげてください。

今年の作物は順番に皆さんのご家庭にお配りしております。収穫期に入りましたら子供たちと共に料理教室を開いて、アカデミー学童菜園の野菜をメインにしたアイディア料理を作る予定もあります。

巷では、『おか（あ）さ（ん）やすめ』（お＝オムライス、か＝カレーライス、さ＝サンドイッチ、や＝焼きそば、す＝スパゲッティ、め＝目玉焼）という言葉が流行っているそうで、社会に進出しているお母さんたちのお助け料理かと思いますが、アカデミーのお母さんたちは、どうぞ疲れた身体にムチ打って、ほうれん草のおひたしや、きゅうりもみにはきちんとワカメを入れ、時には長持ちするひじきを煮て、ピーマンの肉づめにはブロッコリーや玉ねぎのサラダをつけ、海の幸、山の幸、緑黄野菜を工夫して、愛する我が子と夫のために、手作り料理にがんばっていただきたいと思います。

それに、アカデミー菜園の野菜の、皆さまの食卓での晴れの姿をご報告いただければ幸いです。

当たり前のことに感謝する心を育てるアカデミー菜園

When one grows nature, one can grow himself together.

5　生きている間と死ぬ時と……肌のぬくもりを感じられる時に

先月六月二十日（日）の父の日に、私の高校時代のバレーボール部の先輩が五十五歳でお亡くなりになりました。卒業後も現在武蔵工業大学の教授をしているエースアタッカーをチームリーダーに、ＯＢとして大田区のバレーボールの試合にもう三十年以上も出場し続けていました。プレイヤーの平均年齢が五十歳に近づこうかというここ数年も、毎年一回は二十歳代の若者チームを相手に善戦を続けておりました。もう引退かという試合後の反省会の飲み会では、毎回決まって「まだまだやれる！」と、翌年の試合に向けて、それぞれが若いころの熱き思いを胸に、帰路に着くというのが恒例になっていました。その輪の中心にいて私たち後輩の兄貴分として存在していたのです。今年の四月二十五日（日）の試合には大学四年になった彼の息子さんが親父の替わりに試合に出場しました。

彼は、数年前に過労で倒れて救急車で運ばれました。病院で一時呼吸停止になったのに奇跡的に蘇生。後に右半身不随となりそのまま病院で一生を終えるかと思いきや、類い稀な回復力と執念のリハビリ、それに家族の支えで一年半後に杖をついて歩けるまでに復帰。訃報は今年の試合を車椅子で応援に来られてから二か月後のことでした。高校時代の先輩のあだ名はポパイ。エースアタッカーだった武蔵工業大の教授はひょろっとやせていたのでオリーブと呼ばれていました。加山雄三の若大将のように晴れ晴れとして誰にでも好かれる性格で、背も高く、お似合いのあだ名でした。

私が早稲田大学三年生の時、バレーボール部部員が初めて海外へ留学するというので、先輩の家で壮行会を開いてくださり、先輩連中から餞別を集めて下さったのもその先輩でした。「誠実」という言葉を身をもって教えて下さったのもその先輩でした。

二十代半ばのお嬢さんと、大学四年の息子さんが声を上げて泣きながら、父親に別れを告げているのを見ていると、私も含め集まったＯＢ連中の顔がくしゃくしゃになってしまいました。小雨まじりの父の日は、その後、私たちにとって兄貴の日にもなってしまったのです。合掌。

そんなことがあった翌々日の新聞に、親による児童虐待死が五年で二百四十五人という記事を見ました。『母の加害は父の二倍』という見出しに、複雑な思いが交差しました。

柩にすがって永遠の別れを嘆き悲しむ子らを持つ親がいる一方で「眼に入れても痛く

ない」とまで形容される我が子をマイカーに放置してパチンコに熱中したり、泣く子にタバコの火を押しつけたり、食事を与えないで子供を餓死させる親がいる。この世の中の、この日本での心の寒くなる実態を、皆さまはどのように感じていらっしゃるでしょうか。

保育園に迎えに来た親に、抱きつくこともせず甘えない幼児もけっこう見うけられると、ある雑誌の記事にありました。皆さまのご家庭では、一日の終わりに子供を抱きしめてあげたり、膝の上に抱えてあげて話をしてあげたり、眠っている子供の安らかな顔を見て、明日のエネルギーを授けてもらっているお父さんやお母さんは減っているのでしょうか。是非肌と肌のぬくもりを確かめ合いながら、しっかり親の思いを伝えていただきたいし、愛情のこもった手作り弁当でお子様の心をしっかり満足させてあげて頂きたいと思います。母の作る弁当で育つ子にねじ曲った子供はいません。

両親の肌のぬくもりと、母親の手作り弁当は子供の病気の万能薬です。

Mother's hand-made lunch makes children grow tough and healthy.

6　ある小児科医が見ていること……健康は宝物

私には二人の娘がいますが、長女は今小児科医の研修医二年目を迎えています。以前にも書きましたが、今年正月二日から病院の当直を致しました。その夜、喘息持ちで医者にかかることもままある中年の私は、初めて「正月の病院の夜ってどんな様子だろう」と想像しました。

日本全国正月気分で、初詣やおせち料理やお年玉、正月ＴＶ番組や華やかな繁華街の賑わいなど、新しい年を迎えてみんなの心が浮き立っているその同じ時に、小児病棟のベッドで新年を迎える病気の子供たちとその親、そして当直をしている医師や看護師さんたち。病院関係の仕事をしている人には、毎年見慣れたごく当たり前の情景かもしれませんが、親戚・友人を見回してこれまで病院勤めの知人が身近にいなかった私にとって、娘が医者になって初めて想像してみることとでした。

研修医の一年二か月が過ぎ、この五月からは横浜の関連病院で半年間の研修を勤めていますが、相変わらず当直は多くて、病院の寮にも寝に帰るだけで、自宅で娘をチラッと見るのも月に二、三度のことです。

そんな娘も家内には折りに触れ病院内部の話をしているようで、家内から伝え聞いた内容は、当然のことながら病気の子供たちの話なので、健康で幸せな子供とは少しかけ離れた内容ばかりでした。ガンに侵されている小さな男の子の若い母親は、その現実が余りにも重すぎて頻繁には我が子を見舞いにいくことができないそうです。

その男の子は私の娘の顔を見ると〝ちぇんちぇい、抱っこ、抱っこ〟と甘えてくるそうです。抗がん剤のために頭の毛が抜けてしまった十代の少女の誕生日プレゼントを買って持っていったとも聞きました。この一年二か月の間に、娘が知っている患者さんで天国へ旅立った子供は十人ほどだそうです。私に似て感情移入しやすい娘の気持ちを思うと、子供が好きだからこそ選んだ職業ではありますが、さぞ辛い日もあるだろうと思うのです。

さてアカデミーの話に戻りますが、先日夕食時のフジＴＶでやっていた〝院内学級〟という番組を授業の合い間にビデオで中学生や先生たちに見てもらいました。長期入院の子供たちを対象に、病院内で勉強をしている子供たちを取材した番組でした。全国に百八十か所もあるということでした。病気と闘いながら前向きに夢を持って、大切な命を生きている子供たちの姿を見て、健康の有難さや自分たちの幸せを実感してもらいたかったのですが、子供たちの心には何が写ったでしょうか？

私たちは弱い生き物で、自分の苦労が一番大変で、自分の背負っている荷物が一番重たいと思いがちです。でも世の中には、思いもよらない試練を抱えて一日一日を懸命に生き続けている子供たちがいるのです。学校へ通えることをどれほど楽しみにしているか分からない子供たちもいるのです。

アカデミーの子供たちは、どの子も健康という宝物を授かっています。そのことを素直に感謝し、健康の価値を十分発揮できるような元気な若者に育って欲しいと思います。そして欲張りかもしれませんが、自分や家族のことは勿論のこと、社会の困っている人の役に立とうと努力する人に育つとともに、日本人として生まれてきたことに誇りを持ち、人を愛し、人に愛され、夢を持って悔いなく生き抜く、精神も肉体も逞しい人生が送れる人に育っていって欲しいと思っています。

自分の娘が社会で活躍するようになり、医師と呼ばれるようになって、さらに健康の有難さや健康であることの幸せが心に湧き上ります。

神さまから授かったこの大切な宝物をいつまでも自分の手で守るぞ、そしてお父さん先生としてアカデミーの子供たちの成長を見守るぞ！

健康ほど価値あるものは世の中に他にありません。
Nothing in the world is more valuable than health.

幸せはあなたの周りで陽気に微笑んでいる子供たちから成り立っています。
Happiness consists of smiling children merrily around you.

7　ピカピカの一年生は可愛らしく、すがすがしく！

小学校ご入学、また二年生、三年生へのご進級おめでとうございます。

一年生にとって、一生に一度で初めての学校への記念すべき入学式。写真やビデオは勿論ですが、当日の式次第、校長先生のご挨拶など記録や記憶に残せるものは残して頂きたいと思います。
二、三年生の皆さま、あっという間の一年だったとお感じになっていませんか？
〝光陰矢の如し〟と申します。一日一日の積み重ねが、いつの間にか春・夏・秋・冬とつながり、一年になりました。特に新二年生の保護者の皆さまには、親子ともども初めての学校とアカデミーでの生活を無事乗り切ったと、感慨深いものがあることと思います。

終わってみれば、長い人生のたかだか一年かもしれませんが、皆さまのお子さんはとても逞しく成長しましたし、色々な知識、経験、体験を通して、とても子供らしい子供に育っていると思います。お母さん、頑張ってお弁当を作り続けた成果です。今年も、疲れた身体にムチ打って、美味しく、栄養豊かで、子供の血となり愛情となり骨となり心となり頭脳となっていく、お弁当作りを続けてください。お父さんはしっかり、そのお母さんを支えてください。

さて、新一年生アカデミー初日のことでした。私が自己紹介をして、アカデミーでの約束事を話していた時、ある一年生が、〝まじかよ！〟と発言しました。皆さんの大切な宝物のお子さんなのですが、どんなご家庭なのでしょうか？　どんな親子の会話がなされているのでしょうか？　日本語が乱れているとはよく言われることですが、とても悲しい気持ちになりました。

二十数年前、私たち夫婦が結婚した時、小学校の恩師の先生は、お祝いのスピーチの中で「きれいな日本語を大切にしましょう。言葉は心を表します」と話されたのをこの年になってもしっかり覚えています。

言霊《ことだま》という言葉があります。「その言葉に宿ると信じられた不思議な働き」と辞書にあります。私はこの言葉を信じます。〝キレる〟という言葉を使う人は、心の中もキレ易いでしょう。〝ムカつく〟という言葉を使い続ける人は、自分の幸せ以外は、世の中のことに〝ムカつく〟ことが多くなって、人とのトラブルも多いことでしょう。〝キモい〟と物事を批評する人は、自分の苦手なことや自分の嫌いなことを〝キモい〟からといって、すぐに避けてしまうでしょう。そんな風に私には思えます。

確かに言葉は〝生き物〟ですから、新しい言葉や造語ができるのは当然のことですが、これから小学校にあがろうという《ピカピカの一年生》が目上の人に使う言葉ではありません。本当に親しい仲間同士での会話をとやかく言うつもりはありませんが、アカデミーの放課後の家庭の中では、決して使ってほしくありません。子供たちが思いやりのある、子供らしい子供に成長してくれるように、人に優しく、きれいな言葉遣いができる、すがすがしい環境で子供たちの成長を見守りたいと思っています。ご家庭でのご協力を宜しくお願い致します。

健全な身体に健全な精神が宿るごとく、健全な成長には健全な日本語あり！

A sound word in a sound growing, just like a sound mind in a sound body.

8　言葉から心を伝える「きれいな日本語」を使おう！

私の大きな楽しみのひとつは海外旅行です。早稲田大学の学生のころ、交換留学生としてアメリカで一年間生活したり、大学卒業後半年ほどサラリーマン生活をした後、青年海外協力隊で二年間アフリカのエチオピアでボランティア活動に参加しました。ＷＨＯの天然痘撲滅計画のプロジェクトで天然痘監視員として従事したのです。

帰国後、結婚した家内ともどもイギリスの大学院で修士号を取得し、帰国してから三十一歳の時に内藤アカデミーを開設しました。そんな訳で、見知らぬ異国の地を訪れ、そこで日本にない食べ物に挑戦したり、ＴＶや雑誌でしか見聞きできない風物や町並みに直に接すると、無上の喜びを感じます。五十三歳になる今日まで、アジア・北米・ヨーロッパ・アフリカの各地、約四十か国を訪問したことになります。最近では中国・エチオピア・オーストラリアに行って参りました。

いったん成田空港を発ちますと、あとは英語だけの生活になります。勿論第二の故郷のエチオピアでは、現地語のアムハラ語もけっこう口から出てきますが、アメリカやオーストラリアでは英語でのコミュニケーションになります。

昨年の春、ロータリークラブの要請であるプログラムの団長としてアメリカに行ったときも、その後オーストラリアの大学院に短期留学しました時にも、現地で生活していて特に気になったことがあります。アメリカ（インディアナ州）の家庭の中でも、オーストラリアの生活の中でも、子供たちがとても素直できれいな言葉遣いをしていることに気づかされたのです。日本に帰ってくる度に、青少年の日本語、その話し方が粗野で騒がしく、周囲の人々への気配りがなく、とても自己中心になっていると思わざるを得ないのです。私より若い学童の保護者の皆さんはどのようにお感じでしょうか。

言葉は人の心を刺すこともできますし、人に感動を与え涙を流させることもできます。言葉は人を勇気づけ、大きな励ましを与えることもできますが、逆に人の心を暗く不愉快にさせることもあります。言葉からけんかになることもある反面、「有り難う」のひと言がどんなに嬉しい気持ちにさせてくれるかも私たちは知っています。子供たちは成長するにつれて、身につけるファッションを気にし、顔や髪の毛を整えることに気を使いますが、人の心に踏み込んでくる言葉にも、小さい子供のころ以上に注意を払う必要があると思うのです。

大昔、言葉には言霊《ことだま》という不思議な力が宿っていて、その言霊の不思議な力が幸せを招くと伝えられていました。人の心の温かさが、きれいな言葉、思いやりのある言葉になって、人々に伝わり、忙しい日々の中にも人の心が豊かになって平和な人の輪が広がっていく世の中を作り出す。そう考えられたのだと思います。

でも、最近はだれも「きれいな日本語を使いましょう」と、ことさら声高にいいません。毎日毎晩、楽しみにしているTV番組の中でも、これから二十一世紀の日本を継いでいく子供たちに「きれいな言葉を使いましょう」とは伝えていません。それどころか、人を非難する言葉や、感情をむき出しにした憎しみの言葉、中途半端に簡略化してさも時代の先端を行くといった言葉で番組が埋めつくされている感があります。

他人の些細なダサーイ行動に、マジでムカツイて、「ザケンナー、テメー」と叫ぶ言葉に、どんな心が宿っているのでしょうか。

お父さん、お母さん、皆さまが温かい言葉で子供たちを包みこみ、そして子供たちの心に温かい優しさをどんどんふくらませてあげて、『きれいな言葉・温かい言葉』の大切さを粘り強く教えてあげてください。

言葉は心の扉

Language is a gate to our hearts.

9　二十世紀最後の新学期

現在はキリスト誕生の年から数えて二千年目に入りまして、四か月と数週間が経ちました。自分たちが西暦二〇〇〇年に生きているんだと実感を持ちながら生活している人は余りいないのではなかろうかと思います。しかし暮から正月にかけてやたらと「ミレニアム＝millennium＝千年の期間、キリストが再臨して地上を支配するといわれる至福千年」という言葉が流行しましたので、何とはなしに新しい時代に入っていくのだなぁという感じがしているのは皆さまも同じではないでしょうか。

私は昭和二十一年（一九四六年）六月生まれで、その前年、一九四五年八月十五日が太平洋戦争の終戦記念日でした。小学校時代は終戦後の物資も不足し、いわゆる食糧難の時代に子供として生活して参りました。米軍払い下げの脱脂粉乳(いわゆる粉ミルク)でお腹をこわした生徒たちに、しばらくしてからクレヨンとスケッチブックが配られて、何か得をした気分になったこともつい昨日のことのように思い出されます。

肉というと、家庭では、豚と牛のまざった〝合い挽き〟ぐらいしか食べられませんでした。給食に時々入っている脂肉がとても気持ち悪く、平気でそれを食べる友達に感心した記憶もあります。

魚はというと、東京の下町風な生活でしたので、余り新鮮な魚介類が安く手に入るという環境ではありませんで、干物や粕漬け、みりん干しの類が魚料理というイメージです。

ある程度の年になってから活き造りの魚の刺身や生牡蠣を食べるようにはなりましたが、自分から好んで食べたいとは今だに思いません。ですので、皆さまがお好きなお鮨も、比較的安い大衆魚で満足してしまいます。

この物価が高いと言われている日本でも、スキヤキやシャブシャブや焼き肉や、けっこうなお鮨が千円ちょっとで食べられて、はたまたハンバーガーやスパゲティやピザなども、食生活の面では、戦後五十年の進歩は素晴らしいとつくづく思います。

私と同じ時代に少年期を過ごした仲間の中に、とても素晴らしい新年を迎えた二人の友人がいます。

一人は、二〇〇〇年の元日付で辞令をもらい、青年海外協力隊の事務局長に任ぜられたKさんです。今までは外務省の大使や公使級の人事だったのが、今回初めて隊員経験者（いわゆる隊員ＯＢ）から任命されました。協力隊が始まって三十四年目の快挙なのです。その、Ｋさんとはエチオピアの天然痘監視員のボランティアでご一緒し、同じ家に住み、酒を汲み交わし、麻雀で徹夜した遊び仲間でした。帰国後のイギリス留学もほぼ同時期という、同期の桜のことなので、自分のことのように喜んでおります。

もう一人の友人は、日本のボランティア団体の草分け的存在である日本国際ボランティアセンター（ＪＶＣ）の第四代目の代表をしている、こちらもＫさんです。彼は高校時代の同級生で、バレーボール部の私が青年海外協力隊に行くと決めた時、野球部の彼は「二年間のボランティアは本当のボランティアではない」と言い切って、タイやラオスに入りインドシナ難民とともに苦楽を共にしてきました。四十歳を過ぎたころ、彼が「やっと最近人並みの生活ができるようになったよ」といった言葉が今でも私の心の中にずしりと重く残っています。その彼が今年、十幾つも年下の若い美人の素敵な女性と結婚しました。

もしかしたら彼は結婚しない（できない）かもしれないと心配していた私たち仲間は、これも人生の快挙と二人の門出に心ゆくまで痛飲した次第です。

現在二十歳・三十歳・四十歳代の学童のお父さん、お母さんも、いつかは私と同じ歳になりますが、何十年か前には小学生でした。皆さまにはご自分の入学式が晴れがましく胸の高なる記憶として残っているでしょうか。私は自分の入学式の思い出が全くありません。いつのころに消滅してしまったのか、最初から余り思い出に残る感動もなかったのか、父や母から入学式の話を聞いたこともありません。

皆さまのお子さまはつい何日か前に、あの胸の高なりを経験したばかりです。入学式の式次第、写真、ビデオなどの記録を、お子さまのこれから長く長〜く続く学生時代のアルバムの一ページにしっかりと貼り付けてください。親と子供の、家族共有生活の第二ラウンドの始まりです。いずれは、二十一世紀に夢を羽ばたかせる未来の宇宙飛行士や総理大臣、とまではいいませんが、この日本を愛し、社会に貢献し、幸福を追い続け、皆さまの愛を絶対的に求め続ける皆さまの宝物の人生の新たな一歩です。少し冷たい雨が降り満開の桜が散りそうになった一日でしたが、親としても人生の新しい段階に入った記念の日としてしっかり思い出の中にとどめておいていただきたいと思います。

ご入学・ご進級おめでとうございます。

【お母さんへ】子供たちの血となり肉となり知恵となり勇気となり、心の豊かさや勉強への気力に直接結びつき、皆様の愛情が一番表現できる「家庭料理」にご自分の腕と努力、工夫と効率良さで挑戦し、子供たちのすべてを掌握してください。

【お父さんへ】子供たちはいつかお父さんの夢を、生き様を問いかけてきます。どんな時にも、子供と面と向かい、自分の人生を語る心の準備をしておいてください。決して子供に迎合することなく、ご自分の信念で良いことは良い、悪いことは悪いと語る頑固な親父を意識してください。

きれいな言葉遣いは子供の心を豊かにします。

お説教の後では必ずしっかり抱きしめて、親父の身体の熱を子供に伝えてください。

入学式　生みの親から育ての親になる　親子の記念日

Schools enlarge the days of children and the affection of parents.

おわりに

子供たちや罪のない人々が殺されているウクライナやガザの悲惨な戦争のことに触れなくても、地球上の私たちは現在様々な自然の脅威にさらされています。二〇二三年、世界の主な自然災害をネットで検索しますと、

一、地震災害＝トルコ・シリア、アフガニスタン・パキスタン、モロッコ、ネパール、フィリピン、中国

二、大雨・豪雨災害等＝フィリピン、米国、ペルー、ブラジル、インドネシア、コンゴ、ルワンダ、イタリア、ハイチ、中国、パキスタン、インド、韓国、ジョージア、東アフリカ

三、台風・ハリケーン・サイクロン等＝ニュージーランド、マラウイ、米国、ミャンマー・バングラデシュ、フイリピン・中国、リビヤ、インド

四、火山噴火＝インドネシア

とそれぞれの中身を文章にまとめたら書物が何冊も出版できそうですし、今年の半年も振り返ったら、どんどん新たな脅威が加えられることも確かです。

また、日本の国内状況を見回しますと、各地方での予想を超えた自然災害以上に、予想できない人間災害が日々のニュースをにぎわしています。相変らずの幼児虐待や子供への性犯罪、子供たちの交通事故死、SNSでのいじめ犯罪や誹謗中傷、高齢者を狙った詐欺・強盗、高齢者の交通事故等など、善意や正義・思いやりが日々軽んじられていることをとても残念に思っています。

人生の終わりに近付いて来ている私自身は、子供や孫の将来を想像すると、『不確かな未来』という言葉しか思い付きません。ただし、現実には自分の夢を実現し、世界に認められ、世界で人気者になって、世界で活躍している日本の若者やアスリートが多数いるということも事実です。①夢を実現する。②自分の道を究める。つまり世界で一つだけの、自分だけの人生を歩むことが大切なのだと感じています。そのために『生き抜く逞しさ＝人間力』は絶対に必須条件です。

私には、第二のふるさと、アフリカのエチオピアがあります。二十七歳から二年間天然痘監視員として多くの子供たちに種痘をした経験と、その後四十七歳～五十歳代に五回、六十歳代に六回の計十一回現地を訪問し、他のロータリアンや友人と協力して、僻地の小学校で地面に、又は石・丸太に座って勉強している生徒たちに、三人掛けの椅子つき長机を合計二千脚直接寄贈してきた過去があります。今年の九月に十一年ぶり十二回目のエチオピア教育支援の旅を企画しています。これが、いま私のできることです。

内藤アカデミーが開設から四十八年継続することができたのは、何といっても家族とアカデミースタッフの献身的な支えのお陰です。また約半世紀に渡ってアカデミーに『ただいま』と帰って来てくれた学童のみんなも、どうも有難う。家族、スタッフ、学童、生徒、保護者の皆さまのお陰で充実した人生を送っています。心より感謝申しあげます。

二〇二四年六月吉日

内藤幸彦（ないとう・ゆきひこ）

1946年（昭和21年）東京都生まれ。今年（2024年＝令和6年）で78歳、妻、娘2人と孫5人。

<u>現在までの人生を振り返ると</u>

1. 通った大学4校
　（早稲田大学、アメリカのDePauw大学、イギリスのSussex大学大学院、オーストラリアのQueensland大学大学院）
2. ＪＩＣＡ青年海外協力隊　エチオピア天然痘監視員
　1972年（S 47年）～1974年（S 49年）の2年間
3. 内藤アカデミー（教室長）1976（S 51年）より現在48年目
4. ロータリー歴（川崎中ＲＣ）1988年（S 63年）より現在36年目
5. かわさきＦＭ（ユッキー先生の元気が出る土曜日　わいわい地球人）
　2002年（H 14年）より毎月第1土曜日1時間生放送で現在22年目
6. エチオピア訪問（学生時代、協力隊、11回のボランティア活動）計13回

★高校時代に始めたバレーボールが人生スポーツで、64歳まで大田区体育館で現役のバレーボーラーとして活躍したが、公式試合では1度もアタックを打ったことなく引退した。残念と言えば残念。

天然痘監視員時代の著者

アルバム

内藤アカデミーの1年

内藤アカデミーの正面

「ただいま」「おかえりなさい」

玄関と花

お父さん先生のエチオピア・ボランティア

２階踊り場

屋上グランドへ

スマートライフスタイル優秀賞

お花見

屋上グランド

土曜日午前中 本田多聞（オリンピック３回出場）レスリング教室

大きな鯉のぼり

畑の神様へ

おやつをいただきます

まず宿題を

体操教室

体育館で

家族の発表

男子らしく

ダンス披露

大勢の保護者も大感動

風船を使って

夏休みの工作

サマーキャンプ（海）

早期保育のロールアート

サマーキャンプ（山・川）

朝の体操

キャンプのお楽しみ会

アカデミープールで

土曜日午後 新極真会 入来智羅咲（国際大会優勝）空手教室

ゲストも色々（パラグアイのハープ）

オータムサミットでの研究発表

夏野菜の収穫

数検・英検・漢検の勉強も

焚火はお父さん先生

みんな大好き焼きいもパーティー

大鍋の天ぷらはお母さん先生

みんな揃って「いただきます」

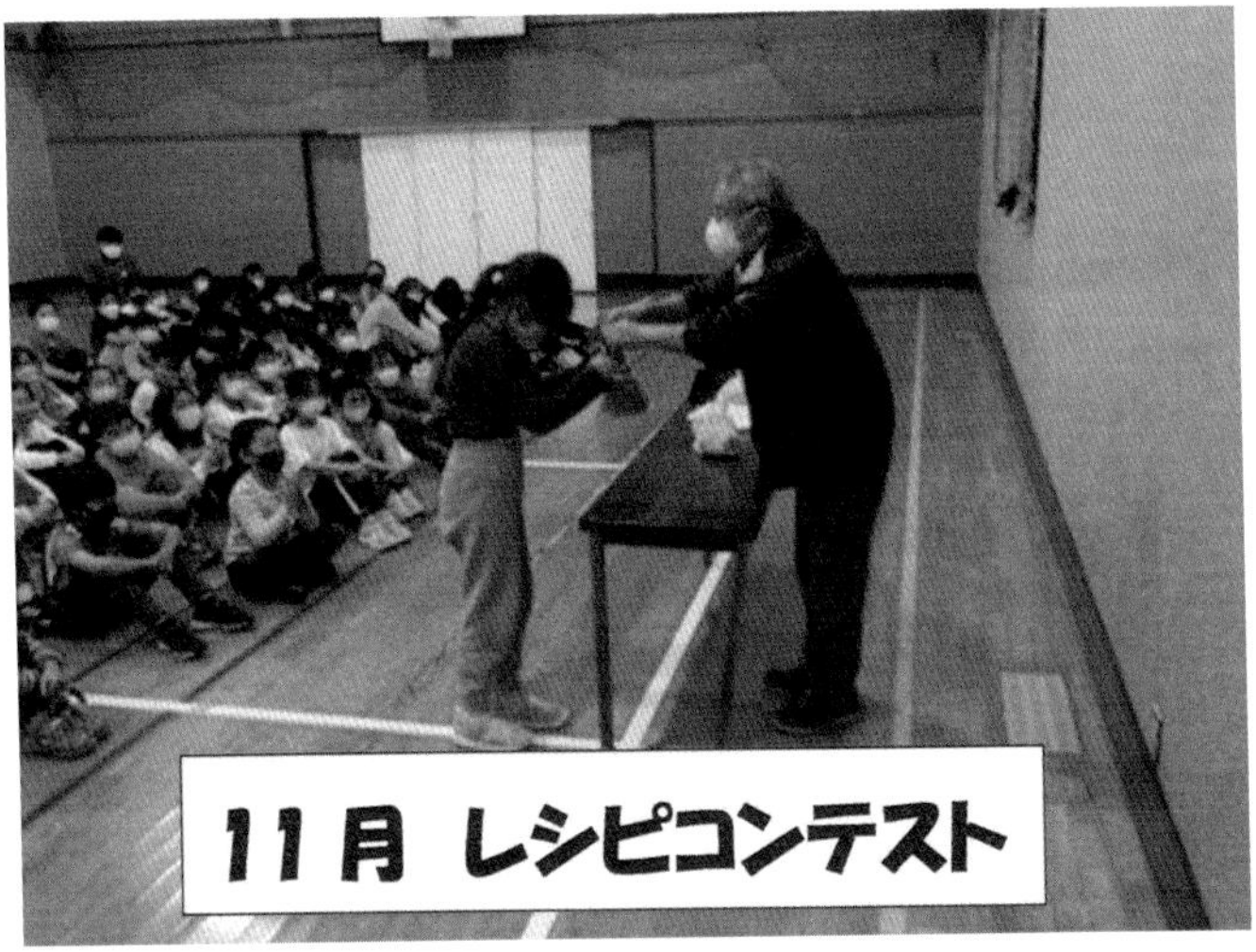

我が家のレシピ

ご褒美は賞状とプレゼント

オータムトラベル（日帰り旅行）

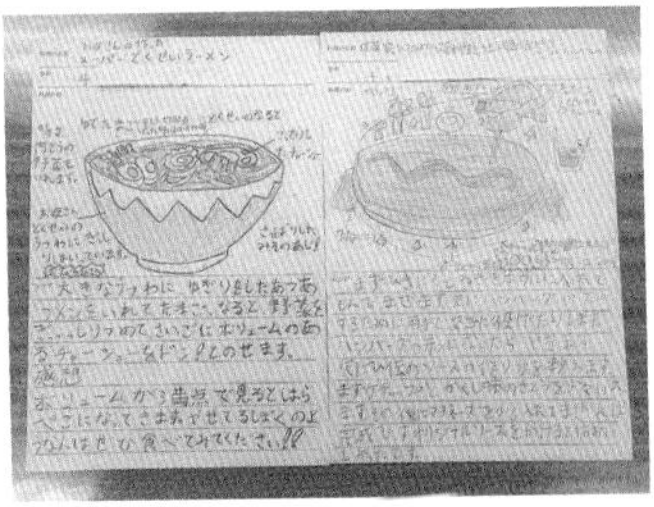

とくせいラーメン

時代劇

創作劇

ゲーム大会

みんな大好きなダンス

お正月飾り（辰年）

ご褒美のプレゼントはいつも嬉しい

めずらしい雪ダルマ

May I help you ?

I want this. How much is it ?

日曜日 午前・午後
Musical Soul
Camp Academy
（元劇団四季　ライオンキング
シンバ役　友石竜也主宰）

お誕生日会

みんな大好きドッチボール大会

菜園のあとはドロ遊び

内藤幸彦（ないとう・ゆきひこ）

1946年（昭和21年）東京都生まれ。都立田園調布高等学校（バレーボール部）を経て早稲田大学商学部卒業。早稲田大学第2期交換留学生としてアメリカDePauw大学に留学。帰国途中、ヨーロッパからアフリカ20数か国を放浪。アフリカ放浪最後の国エチオピアで、1972年から1974年にかけて青年海外協力隊員1期生として天然痘撲滅プロジェクトに従事。1975年結婚後、妻と共にイギリスSussex大学IDS（開発研究所）で開発社会学の修士号取得。1976年、内藤アカデミーを開設し、現在（株）内藤・代表取締役および内藤アカデミー教室長。1998年、博士号取得のためにオーストラリアのQueensland大学へ留学するが社業多忙のため断念する。（その他、176頁参照）

内藤アカデミー ホームページ➡

昭和の子育て論 逞しく人のために生きる

2024年6月27日 初版第1刷印刷
2024年7月18日 初版第1刷発行

著　者 内藤幸彦
発行者 恩藏良治
発行所 壮神社（Sojinsha）
〒102-0093 東京都千代田区平河町2-2-1-2F
TEL.03(4400)1658／FAX.03(4400)1659
印刷・製本 （株）エーヴィスシステムズ

ISBN 978-4-86530-075-8 C0095